SUPERVIVENCIA MÁXIMA

Manual para sobrevivir en situaciones límite

Lone Wolf

Copyright 2022 Todos los derechos reservados©
El contenido de este libro no se puede reproducir, duplicar ni transmitir sin el permiso directo por escrito del autor. En ninguna circunstancia, se imputará al editor ninguna responsabilidad legal o culpa por cualquier reparación, daño o pérdida monetaria debido a la información contenida en este documento, ya sea directa o indirectamente.

Aviso Legal:
No se puede enmendar, distribuir, vender, usar, citar o parafrasear ninguna parte del contenido de este libro sin el consentimiento del autor.

Aviso de exención de responsabilidad:
La información contenida en este documento es sólo para fines educativos y de entretenimiento. No hay garantías de ningún tipo expresas ni implícitas. Los lectores reconocen que el autor no participa en la prestación de asesoramiento legal, financiero, médico o profesional.

ÍNDICE

Introducción 7

Capítulo 1 ¿De qué se trata la supervivencia? 11

Capítulo 2 Adaptar la mente para la supervivencia 19

Capítulo 3 Peligros ambientales y formas de prevenirlos 31

Capítulo 4 Conseguir agua y alimento 45

Capítulo 5 Cómo construir un refugio seguro 73

Capítulo 6 El fuego 85

Capítulo 7 Métodos de orientación 103

Capítulo 8 Señales de auxilio 119

Capítulo 9 Elementos básicos para la supervivencia 123

Conclusión 131

Introducción

La enorme mayoría de los libros de supervivencia en la naturaleza hacen hincapié principalmente en los aspectos técnicos que debe manejar cada persona para garantizar una mejor respuesta ante las circunstancias que se le pudiesen presentar.

Sin embargo, en este libro, si bien no dejamos de ahondar en tecnicismos básicos necesarios para enfrentar cada problema, también se busca poner relevancia a los aspectos psicológicos que deben ser considerados al mismo nivel que los técnicos.

En este sentido, podemos entender como una situación de supervivencia, todo escenario en el que una persona se encuentra inmersa en un ambiente que por lo general le es desconocido y desfavorable. Debiendo proporcionarse los elementos necesarios para poder mantenerse vital, ya sea física como psicológicamente, en relación con los recursos que le ofrece el terreno en el cual se encuentra presente. Por lo tanto, en toda supervivencia humana, debemos considerar dos aspectos fundamentales: los técnicos y los psicológicos.

Tal como se mencionaba anteriormente, las cuestiones técnicas aparecen ampliamente desarrolladas en cada manual que se ha producido y se encuentra en el mercado. En base a lo cual, aquí se busca resaltar todo tipo de elementos técnicos que resultan necesarios para mantenerse con vida, ejemplo de esto son: la purificación del agua, las señales de auxilio, la elaboración de trampas para poder alimentarse, etcétera.

Pero a su vez, como ya se dijo, los aspectos técnicos no son suficientes por sí solos para sobrellevar una situación extrema. El elemento central en todo tipo de situaciones complejas es la actitud de las personas que se encuentran presentes, en cuanto a la manera de reaccionar, el tiempo de aceptar la situación, la búsqueda de soluciones, solo por mencionar algunos indicadores.

Lo más normal es que en estas situaciones nos domine la fatiga moral, que comencemos a dejarnos llevar por sentimientos como el miedo, la ansiedad, la depresión, la soledad, y la frustración.

Todo esto nos lleva a comprender que, una actitud superadora para con estas circunstancias debe ser estudiada y entrenada de la misma manera y con el mismo grado de importancia que el poseer los conocimientos técnicos para poder armar un refugio en la montaña.

Si no estamos lo suficientemente preparados tanto técnica como psicológicamente para enfrentar este tipo de situaciones, nuestras posibilidades de supervivencia se ven drásticamente reducidas.

A lo largo de este libro encontrarás las herramientas que complementarán dentro de las técnicas de supervivencia aplicadas, el conocimiento tanto de factores físicos como psicológicos, lo cual te permitirá vislumbrar el terreno de las aptitudes y actitudes necesarias que te serán fundamentales para sobrevivir en un medio desconocido.

Los lectores que aprendan las técnicas y recomendaciones descritas en esta obra deben tener presente la necesidad de mantener y conservar nuestro medio ambiente. Si bien, estamos hablando de situaciones extremas que podríamos llegar a pasar, el fin principal de lo que se describe a continuación es simplemente la autoconservación. Por ello, no intentes exigir o poner a prueba técnicas que no están destinadas para otros usos que los aquí descritos. La elección final es tuya.

En este sentido, la supervivencia es el arte de saber aprovechar al máximo todo lo que poseemos en complementariedad con todo lo que nos rodea. Es decir, que, mediante este texto, podrás comprender que no se debe tener nunca la idea o sensación de que se cuenta con "falta de herramientas para poder actuar". La falta de equipo se relaciona más bien a la falta de técnica y de experiencia para poder movilizarse.

Este manual contiene todo lo necesario para sobrellevar una situación extrema en distintos ambientes, aun así, es una puerta abierta dentro de un camino que día a día continúa sumando nuevos conocimientos, por lo tanto, ser inquietos y nunca dar por terminado el aprendizaje, es la moral que se puede exigir a toda persona que le interesen estos temas.

CAPÍTULO UNO

¿De qué se trata la supervivencia?

El arte de sobrevivir en los entornos naturales y los ambientes más hostiles del mundo es un conocimiento que como humanos hemos tenido que aprender por la fuerza al comienzo de nuestra historia.

La necesidad de afrontar los peligros, recolectar el alimento, el agua y no padecer ante el frío; han llevado a nuestros antepasados a desarrollar miles de estrategias que se han ido perfeccionando a lo largo de toda la historia de la humanidad.

Hoy, como especie, afortunadamente hemos logrado desarrollar una sociedad que nos acoge, nos alimenta, y nos garantiza el agua tan necesaria para la vida; por lo que sobrevivir se ha vuelto una tarea mucho más fácil, haciendo que con el tiempo estos primeros conocimientos básicos hayan caído en el olvido.

Aun así, hay quienes todavía disfrutan del contacto directo con la naturaleza, se aventuran a recorrer montañas y bosques, o atravesar desiertos para probarse a sí mismos que son tan fuertes como aquellos primeros hombres que nos precedieron, mientras disfrutan los paisajes más sorprendentes del planeta y viven experiencias memorables.

La supervivencia en el siglo XXI

Si bien las bases que se enseñan dentro de las prácticas de supervivencia, búsqueda y salvamento hace siglos indican que se debe aprender a satisfacer necesidades como:

- Alimento
- Agua
- Refugio

- Fuego

La supervivencia en el siglo XXI es muy diferente a la que aprendían los exploradores de antaño, y eso es en gran medida gracias a que en la actualidad realizar un rescate es algo mucho más simple que en otros tiempos, por lo que es muy difícil imaginarnos una situación donde perdamos todo contacto con la sociedad durante varias semanas.

Es decir que muy difícilmente lleguemos a necesitar alimentarnos de animales salvajes, ya que nuestras reservas grasas deberían ser más que suficientes para vivir más de siete días sin alimentos, por ejemplo.

Eso no quiere decir que no debamos aprender a satisfacer necesidades, pero sí indica que lo primero que debemos saber es cómo evitar quedarnos desamparados en medio de un ambiente hostil. Para ello hace falta:

- Aprender a ubicarnos
- Ser prevenidos
- Aprender primeros auxilios
- Saber cómo pedir ayuda correctamente

Una vez que sepamos eso, y en caso de que ni orientarnos, ni llegar a un poblado cercano, ni que vengan por nosotros es una posibilidad plausible, si habrá llegado el momento de comenzar a aplicar a fondo nuestros conocimientos sobre el arte de la supervivencia más ortodoxo.

En este caso, teniendo en cuenta que lo más probable es que tarde o temprano alguien venga por nosotros, el orden de prioridades a la hora de satisfacer nuestras necesidades básicas sería:

- Refugio

- Fuego

- Agua

- Comida

En invierno, padecer una hipotermia es uno de los problemas más grandes a los que nos podemos enfrentar. Mientras que en verano debería ser:

- Agua

- Refugio

- Comida

- Fuego

En vistas de que no nos congelaremos, pero si podemos deshidratarnos a gran velocidad.

Todas esas necesidades iremos enseñando cómo cubrirlas con el pasar de los capítulos, de forma que al finalizar estas páginas puedas tener las herramientas teóricas necesarias para sobrevivir a diferentes ambientes hostiles.

Los tres tipos de recursos necesarios para sobrevivir

En cuanto a nuestras herramientas o tipos de recursos, es importante saber que existen de tres tipos:

Moral

La primera de ellas y la base de toda la supervivencia, es el simple hecho de querer sobrevivir, y contar con los recursos mentales para poder luchar por eso.

No importa cuánto sepamos de supervivencia, ni las herramientas y posibilidades que nos rodean, si llegado el momento perdemos el temple y nos damos por vencidos todo habría acabado.

Existen diferentes maneras de prepararse en este aspecto, probablemente entre más acostumbrados estemos a atravesar situaciones difíciles, entre más herramientas tengamos para seguir adelante, y cuanto mayor sea nuestro temple y capacidad para mantener la calma, las probabilidades de supervivencia logran crecer sustancialmente.

Conocimientos

El segundo ítem de esta lista son nuestros conocimientos adquiridos sobre el tema, y otros conocimientos que también pueden ser aplicados a la supervivencia.

Porque existen un sinfín de conocimientos que merecen la pena ser valorados y que pueden marcar la diferencia.

- Arquitectura
- Cocina
- Medicina
- Ingeniería

Aunque por supuesto, quienes tengan conocimientos aplicados específicamente a la temática, probablemente tendrán un panorama mucho más claro.

Porqué los conocimientos como:

- Saber dónde buscar agua
- Qué se puede comer
- Tipos de refugio
- Técnicas de orientación y rastreo
- Primeros auxilios

Sin dudas le permitirán a la persona contar con un panorama mucho más claro y alentador.

Herramientas

En la tercera posición de nuestra lista, encontramos las herramientas o el equipamiento que podemos haber llevado con nosotros en esa situación tan extrema.

Productos que pueden llegar a hacernos la vida infinitamente más simple, y que pueden resumir horas y hasta días de trabajo en unos escasos minutos.

Eso bien lo puede asegurar alguien que haya intentado encender fuego empleando las técnicas tradicionales, quien sin dudas descubrió la enorme importancia de llevar cerillas a sus excursiones.

En este punto, es muy importante saber cuánto peso realmente debemos cargar con nosotros y cuántas cosas pueden llegar a sernos de gran utilidad.

Porque una cosa es cargar con nosotros artículos de primera necesidad como:

- Cerillas.

- Agua.
- Navaja Suiza.
- Carpa.
- Campera impermeable.
- Brújula.
- Una olla.
- Un segundo par de calcetines.

Que nos pueden ser de gran utilidad, y otra muy diferente es cargar veinte kilogramos de productos adicionales que probablemente no usaremos.

Porque si bien es importante viajar con todos los elementos necesarios, también lo es viajar ligero, lo que incluso puede llegar a marcar la diferencia entre llegar a un poblado ese mismo día y tener que dormir en la intemperie.

CAPÍTULO DOS

Adaptar la mente para la supervivencia

Las técnicas de supervivencia designan al conjunto de conocimientos que permiten no sólo sobrevivir sino también alimentarse, calentarse y protegerse en condiciones adversas para los humanos. Sin embargo, cada una de ellas no podría ser llevada a cabo si es que la emocionalidad negativa bloquea nuestro desenvolvimiento en situaciones que no nos favorecen.

En consecuencia, la psicología en supervivencia forma una parte fundamental del éxito de nuestras experiencias.

Soledad

La interdependencia que experimentamos en nuestra forma de vivir en la sociedad nos ha acostumbrado cada vez más a comprendernos como un ser naturalmente social. En este sentido, enfrentar situaciones adversas en condiciones de ausencia de ayuda de algún semejante, puede llegar a desarrollar una situación de soledad que difícilmente podemos experimentar en nuestra vida cotidiana.

En situaciones de supervivencia extrema, suele ser mucho más común que nos podamos ver expuestos a la soledad, sin posibilidad de obtener algún tipo de ayuda de otras personas. También puede ocurrir que, en ocasiones, los individuos experimenten este sentimiento dentro de un grupo de supervivencia. Es decir, que la persona se sienta aislada en relación con los demás miembros de su equipo. En esta situación extrema, esta soledad puede ser muy perjudicial tanto individual como colectivamente para el grupo, ya que, generalmente puede traer aparejada negativismos, incertidumbres y/o retraso en la toma de decisiones colectivas. Por lo cual, es necesario trabajar la actitud positiva de cada persona en cuanto se ve atravesada por este escenario.

Culpa

Generalmente en situaciones de supervivencia en las que ocurren hechos trágicos, las personas que se encuentran como sobrevivientes pueden comenzar a atravesar por estados de ánimo muy desequilibrantes.

En tanto, al mismo tiempo de que se vislumbra con vida, puede embargar una situación de culpabilidad por el deceso de alguna de las personas que lo acompañaba, sobre todo si es un cercano.

En estas situaciones las personas deben trabajar con el absurdo de sus pensamientos fatalistas. Manteniendo lo más posible una actitud empática con los demás y principalmente resolutiva frente al escenario que se enfrenta.

Una buena forma de obtenerlo es comenzar a ocupar el tiempo en hacer cosas que puedan ayudar al resto, de esta manera los pensamientos suelen descansar sobre las actividades que se deben realizar.

Miedo

El miedo es una reacción natural de todos los animales frente a situaciones hostiles que se presenten, lo cual desemboca en una descarga de hormonas en la sangre que agudiza los sentidos y prepara al sujeto para escapar o luchar.

Este sentimiento está asociado al instinto de conservación del ser humano. Si este sentimiento es tratado de forma correcta, puede llevar a la persona a enfrentar los peligros que le amenazan, estimulando la lucha por sobrevivir.

Ahora bien, la otra cara del miedo es el pánico y la ansiedad. Bajo estas circunstancias las personas se ven bloqueadas para actuar de manera correcta. Reacciones como irritabilidad, agresividad o crisis de pánico, pueden potenciar la incapacidad de los sujetos y debemos evitarlas a toda costa.

Frustración

La frustración puede llegar a darse ante cada intento fallido por lograr algún objetivo. En situaciones extremas, los sentimientos de impotencia se pueden potenciar debido a la carencia de medios para conseguir un objetivo. Ejemplo de ello puede ser fracasar en la búsqueda de agua o en encontrar alimento.

Aun así, se debe mantener el temple de que en estas condiciones siempre algo puede fallar, pero lo que no puede fallar son las ganas de intentarlo una vez más. A pesar de esto, también se debe mantener una actitud sincera con uno mismo, con relación a determinar qué circunstancia se encuentra absolutamente fuera de nuestro alcance.

Depresión

Bajo estas condiciones, la tristeza puede llegar en un momento y es normal. Por este motivo, no lo niegues, ni guardes lo que sientes, puesto que puede desembocar en un estado depresivo prolongado.

Intenta autoanalizarte en algunos momentos, sobre todo si observas que se desencadenan en ti situaciones de ira e impotencia. La recomendación es que no te dejes llevar por estos impulsos, puesto que puedes caer en un círculo vicioso cada vez más profundo, que puede llevarte a un derrumbe físico y psicológico.

El lenguaje también es acción, y las palabras desesperanzadoras es mejor dejarlas sin nombrar.

Aptitudes y actitudes necesarias para situaciones de supervivencia

La posibilidad de vivir una situación de emergencia siempre está presente.

Indudablemente, nadie desearía que se cumpla esta afirmación, pero tenerla presente resulta una buena herramienta para estar mucho mejor preparados ante una situación de esta naturaleza.

Uno de los elementos que más genera irritabilidad y frustración es lo inesperado de las situaciones que se van presentando. Por este motivo, manejar esta mentalidad nos puede conducir a una actitud mucho más proactiva, permitiéndonos llegar mucho más preparados a cualquier nuevo inconveniente que se presente.

En cierto sentido es un "pesimismo positivista", que sitúa a los viajantes en un nivel de consciencia más sincero con respecto a la travesía que se quiera emprender y por lo tanto le plantea interrogantes, los cuales puede llegar a preparar con anterioridad a su salida.

Conocerse uno mismo

Cada persona que emprende un viaje sobre un terreno desconocido debe tener presente los límites propios con los cuales va a enfrentar las situaciones que puedan ocurrir. Esto puede llevar a las personas a desarrollar nuevas habilidades necesarias para su supervivencia.

Por ejemplo, si quedarse y armar un refugio o emprender la exploración en búsqueda de ayuda. El ser consciente de nuestros errores, nos puede conducir a nuevas experiencias y el desarrollo de nuestra resistencia psicológica.

Siempre estar listo

El entrenamiento constante, tanto en lo físico como en lo psicológico, fortalece nuestro cuerpo y mente, y además mejora nuestra confianza y autoestima para enfrentar situaciones problemáticas. Las personas que están preparadas y entrenadas marcan una diferencia en la supervivencia.

Actitud positiva

La voluntad de vivir se pone a prueba en estas circunstancias. La actitud psicológica positiva de las personas puede llevarlos a realizar proezas inesperadas por ellos mismos.

En este mismo sentido, se debe tener el conocimiento de que los primeros momentos de fatiga son netamente psicológicos, y se relacionan más con sentimientos de frustración e impotencia, que con cuestiones puramente físicas.

La historia de la fortaleza mental en el ser humano nos demuestra que siempre se puede dar más, y para ello es trascendental tener una actitud positiva y tenaz frente a la situación extrema. De esta manera ni el tedio, ni la angustia, ni la desesperación podrán vencernos. Cada uno de estos sentimientos posee un componente subjetivo que requiere ser trabajado.

¿Cómo trabajar una actitud positiva?

a) Desarrollar una moral elevada.

En las circunstancias extremas que nos encontremos, debemos tener la claridad de que nuestro objetivo principal es lograr la supervivencia personal y del grupo, si es que te encuentras acompañado. Por lo tanto, debemos utilizar todos nuestros medios para conseguirlo.

b) Mantener el ánimo.

Reírse de las circunstancias y también reírse de uno mismo, proporciona un ambiente grato para organizar y actuar.

Caso contrario, cuando el desánimo se vuelve general, comienza a vivirse un ambiente mucho más hostil, donde los sobrevivientes pierden el enfoque y se entregan a la resignación diezmando significativamente las probabilidades de éxito.

c) Optimismo y fe.

Una actitud adecuada frente a una situación problemática conduciría a visualizar en algún momento todo el aprendizaje y experiencia que se gana en la práctica. Con esta actitud, una situación de supervivencia se vuelve enriquecedora.

d) Organización y ejecución.

Mantener la calma es fundamental para propiciar el momento en que se pongan en práctica los conocimientos y técnicas aprendidos. Para ello es importante no tomar decisiones apresuradas y evaluar realísticamente la situación en que se encuentran.

Puedes tomarte un momento de respiración, arrancar una hoja y lápiz para anotar los pro y contras de la situación en la que estas. Como también puedes establecer metas y elaborar mapas del territorio.

e) Adaptabilidad.

Esta es una de las características fundamentales para la supervivencia. El desconocimiento del territorio y lo desfavorable de la situación, deben llevarnos a desarrollar la habilidad de improvisar a cada momento, con la tolerancia a fallar, basado en una improvisación a la que le subyace un conocimiento adquirido con anticipación.

Por ello es importante aceptar el cambio constante de lo planificado con relación a lo que vaya surgiendo. En este sentido, ser flexibles y creativos aumentará nuestras posibilidades de sobrevivir.

Es importante contar con herramientas que nos permitan trasladar la calma a los demás.

Una vez que somos conscientes de estas debilidades y fortalezas, es importante hacer un esfuerzo por trasladar la misma seguridad a los demás sobrevivientes y crear un ambiente propicio para el trabajo en equipo y la resolución de los problemas.

Para eso, hacen falta las llamadas "habilidades blandas", tales como la empatía, la capacidad para resolver problemas, el temple para contagiar tranquilidad y buscar soluciones con la mente fría y la capacidad de liderazgo para organizar un grupo y mantener un plan.

A continuación, nombramos algunas de las más importantes, que nos serán de gran ayuda a la hora de organizar al grupo.

Empatía

La empatía es la capacidad de comprender y sentirse parte de los sentimientos que experimentan terceros.

Por ejemplo, puede ocurrir que en el grupo de supervivencia haya quienes se sientan asustados, dolidos o resignados y poder entenderlos es un paso muy importante para poder sacar lo mejor de cada uno de ellos.

Si una persona se siente escuchada y se siente comprendida, tendrá una mejor predisposición a la hora de ayudar y tendrá más confianza a la hora de hablar sobre sus conocimientos y habilidades.

Resolución de problemas

En todo ámbito de la vida suelen existir dos tipos de personas, las que se adaptan rápidamente a las circunstancias desfavorables y aceptan la realidad que se les presenta, o quienes toman las riendas de su destino y comienzan a trabajar en mejorarlo.

En este punto, es muy importante siempre estar en el segundo grupo, de forma que siempre podamos mantenernos en movimiento, arreglar las cosas, solucionar nuevos problemas y mejorar las condiciones de todos los presentes.

Temple

No es ningún secreto que el miedo puede nublar nuestra vista y entorpecer nuestros conocimientos.

Cuando se está en una situación desfavorable, la desesperación suele convertirse en nuestra peor enemiga, incluso llegando a forzarnos a hacer cosas de las que realmente podemos arrepentirnos.

Esto bien lo saben los guardavidas, quienes aprenden que un humano al borde de la muerte puede ahogarlos sin ningún tipo de problemas en su desesperado intento por salir a flote. Después de todo, el instinto de supervivencia es uno de los instintos más arraigados en el ser humano, como en cualquier otro animal.

Pero como seres racionales, nuestros instintos muchas veces nos juegan en contra, de forma que mantener la cordura y desarrollar el temple nos permitiría seguir tomando decisiones racionales, incluso en los momentos más difíciles.

Un claro ejemplo de esto es la habilidad de racionar los alimentos, incluso cuando el hambre se convierte en un sentimiento que nos tortura.

Liderazgo

Por último, la habilidad de ser un líder es una de las más importantes, ya que nos permitirá lograr un gran trabajo en equipo y evitar los conflictos internos entre todos los que constituyen el grupo.

Probablemente, cuando se llega a situaciones extremas, los grupos suelen estar formados por personas con habilidades asimétricas. Es muy necesario siempre que una persona con habilidades de liderazgo motive a todos a dar el 100%.

Siempre a sabiendas de que los estímulos positivos suelen funcionar mucho mejor que los negativos. Es decir, consiguiendo que todos elijan y acuerden dar lo mejor de sí, sin tener que recaer en amenazas, críticas y peleas absurdas.

Mientras que una persona sin habilidades de liderazgo puede caer en la tentación de hacer todo el trabajo para evitar conflictos, o de generar conflicto para que los inactivos colaboren, un líder sabrá cómo invitarlos a colaborar, y les agradecerá por sus esfuerzos motivándolos a seguir adelante.

CAPÍTULO TRES

Peligros ambientales y formas de prevenirlos

Otra parte fundamental del conocimiento que necesitamos para emprender de mejor manera nuestro viaje trata sobre los efectos adversos que nos podría provocar la exposición a situaciones extremas de frío o calor. Ya que, por lo general, los trastornos que podrían ocasionar en nosotros están relacionados al desconocimiento de sus efectos naturales.

Por este motivo, a continuación, podrás ver de qué manera puedes identificar estas situaciones y también de qué forma puedes actuar para tratarlas. Sin embargo, siempre el mejor procedimiento será el diagnóstico y tratamiento de un especialista en salud.

El sol y sus efectos adversos

Te has puesto a pensar que muchas veces, las personas no se dan cuenta del daño en su piel por la exposición al sol, hasta que otra persona se lo dice... Pues bien, muchos tipos de trastornos producto del sol y el calor no son percibidos hasta que las personas ya lo padecen.

Es decir que los efectos de una exposición solar extrema se sienten muy tardíamente, un ejemplo de ello son las quemaduras solares en días nublados, pues lo que comúnmente se cree es que por haber nubes habrá una menor exposición a los rayos ultravioleta, pero la realidad es que esto no es así.

En este sentido, debemos saber que, en zonas con nieve, con mar o con arena, los rayos solares que se reflejan en estos aumentan aún más los efectos sobre nuestra piel.

Un consejo básico, es evitar la exposición al sol durante las horas más intensas, que es entre las doce del mediodía y las cuatro de la tarde.

Pero, si no puedes evitar esto, es recomendable utilizar ropa que nos proteja el cuerpo, como remeras de manga larga, pantalones, un gorro tipo australiano (o sombrero de ala ancha), un pañuelo delgado para proteger el cuello, todo lo cual deberíamos acompañar con el uso de protector solar en las zonas que se encuentran expuestas de ser posible. En este caso, la recomendación es que utilices productos con un factor alto, (quince o más).

Quemaduras solares

Si se viaja a zonas de riesgo debemos llevar un protector solar factor 15 o más y una crema para las quemaduras. Si por cualquier razón no disponemos de protector solar debemos cubrirnos bien.

Podemos improvisar un protector con aceite de coco que se obtiene dejando la pulpa al sol. También podemos quemar coral, triturarlo y hacer una loción mezclándolo con agua o aceite.

¿Cómo se manifiesta?

Estas quemaduras por sol se manifiestan mediante el enrojecimiento de nuestra piel y en muchos casos ardor y dolor en la zona afectada. En estas situaciones debemos evitar la exposición al sol.

¿Cómo tratarlo?

Una manera natural de tratar este problema es mediante la utilización del gel de aloe vera en las zonas que presentan enrojecimiento.

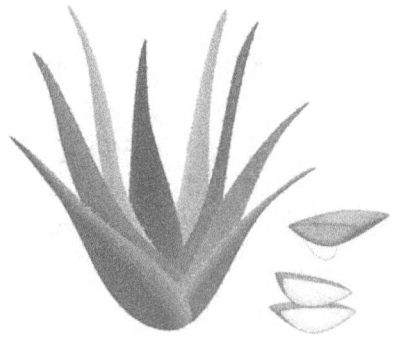

Para eso debemos cortar una lonja del aloe, y partirlo al medio, entonces aparecerá un primer líquido, el cual secaremos en nuestras manos. Una vez hecho este proceso, entonces quedará el gel cristalizado en nuestra planta de aloe vera, lo pinchamos con nuestros dedos y comenzará a salir el gel que aplicaremos sobre nuestro cuerpo.

Otra manera efectiva y sencilla, es aplicar rodajas de tomate sobre las zonas afectadas. Ambos procedimientos son tan efectivos como las pomadas que podemos conseguir en las tiendas. En cualquier caso, es recomendable acompañar estos procesos con una buena hidratación.

Por último, una manera natural de prevenir las quemaduras es preparar una loción de protector solar con aceite de coco, para eso debemos dejar la pulpa de este en exposición al sol, y luego aplicar sobre nuestra piel.

Agotamiento por calor

Otro síntoma relacionado a los efectos del sol es el agotamiento causado por el calor, el cual está relacionado a la deshidratación debido a una excesiva sudoración producto de la exposición a ambientes de altas temperaturas y humedades. Es decir, que en estos casos el malestar puede producirse sin la exposición directa al sol.

¿Cómo se manifiesta?

Este produce efectos tales como calambres en las extremidades o abdomen, los cuales se generan por pérdida de sales minerales que van decreciendo en nuestro cuerpo en la medida que sudamos.

Otro indicador puede ser la piel pálida y sudorosa, así como la reducción de la cantidad de orina que se expulsa.

¿Cómo tratarlo?

En estos casos, lo que se debe hacer es depositar a la persona afectada en un lugar sombreado y levantar sus piernas. Además, es necesario proporcionarle agua con una pizca de sal (poco menos de dos cucharadas) y también agua con azúcar. La persona deberá permanecer en esta situación hasta que la expulsión urinaria sea normal.

La insolación

La insolación es uno de los trastornos más graves que se pueden producir, ocurre cuando nuestro cuerpo no puede regular su propia temperatura corporal provocando un aumento de esta, que puede llegar a marcar los cuarenta grados centígrados.

La insolación también podría darse en ambientes cerrados, si no cuidamos nuestra hidratación, por ejemplo, al momento de hacer ejercicios.

¿Cómo se manifiesta?

Dentro de los síntomas más comunes de la insolación están: dolor de cabeza, fatiga, vómitos, calambres, trastornos de la visión, fiebre, respiraciones aceleradas, e incluso en casos extremos puede llegar a provocar un colapso cardiorrespiratorio llevando a la muerte.

¿Cómo tratarlo?

Dadas sus características de trastorno de regulación térmica corporal debemos intentar reducir la temperatura del cuerpo para lo cual es necesario tumbar a quien lo sufre en algún lugar sombreado que se encuentre lo más fresco posible.

Para enfriarlo podemos incluso dejarlo con menos ropa, rociando agua y abanicando su cuerpo, de esta manera estaremos provocando el aumento de la evaporación de la piel. Por esto mismo, es recomendable si se quiere, envolver al enfermo con una sábana o algún pedazo grande de tela improvisada, la cual empapamos primeramente con agua procurando que ésta se mantenga mojada.

En casos más graves, también es aconsejable sumergir a la persona afectada en agua, de manera muy lenta, para posteriormente aplicar masajes corporales por su cuerpo. Todo esto necesariamente debe ser acompañado por una hidratación profunda.

Miliaria

Si te ha pasado que te encuentras en ambientes cálidos y tu piel comienza a manifestar sarpullidos, esto es causado por una afección cutánea, caracterizada por la obstrucción de los conductos sudoríparos, lo cual ocasiona que el sudor quede obstruido bajo la piel.

Si bien no es problema de gravedad, es muy común que se de en climas cálidos.

¿Cómo se manifiesta?

Comúnmente se presenta en forma de sarpullidos que pueden llegar a transformarse en ampollas en la piel.

¿Cómo tratarlo?

En estos casos lo conveniente sería bañarse y ocupar ropa seca que permita que se destapen los poros. Como en todos los casos, siempre hay que mantener una buena hidratación.

Inflamación ocular

Este es un caso que se puede llegar a presentar comúnmente en lugares como desiertos, montañas o incluso el mar, debido a la gran intensidad solar que se registra en estos ambientes.

¿Cómo prevenirlo?

El uso de gafas aptas para el sol (es decir que tengan filtro solar), es una buena manera de combatir la sobre exposición solar.

Si no contamos con gafas para el sol, podemos improvisar pintarnos con las cenizas de corcho quemado el contorno de los ojos, lo que absorbe parte de la luz, simulando el funcionamiento de las cejas o pestañas.

¿Cómo se manifiesta?

Una prolongada exposición al sol, en ciertas personas puede llegar a provocar momentos de deslumbramiento ocular, así como dificultades para adaptarse a la visión nocturna y dolores de cabeza.

También podemos improvisar unos lentes con corteza de abedul.

¿Cómo tratarlo?

La recomendación para estos casos es simplemente dejar descansar los ojos inmediatamente después que se sienten estos síntomas.

Para eso es recomendable buscar algún espacio oscuro y dejar descansar la vista durante aproximadamente dieciocho horas. En estos casos, la persona puede ser vendada para facilitar la ausencia de exposición solar.

El frío y sus efectos adversos

El frío no solamente requiere ser enfrentado con un buen abrigo, sino que en situaciones extremas de supervivencia es necesario saber manejar conocimientos sobre el fuego y el refugio, los cuales serán mencionados más adelante.

La hipotermia

La hipotermia se trata de un descenso de la temperatura por debajo de lo normal, es decir, por debajo de los treinta y cinco grados centígrados. En este caso, el cuerpo pierde más calor del que puede generar por sí solo, lo cual comúnmente se produce después de estar expuesto a un periodo prolongado de frío.

Dentro de las causas más comunes se incluyen: ropa mojada, un viento fuerte, pero también esto se puede potenciar si se posee una mala alimentación, agotamiento o estrés.

En casos graves, la hipotermia puede provocar el descenso de la temperatura corporal a menos de treinta y tres grados centígrados, lo cual puede generar una pérdida del conocimiento, llegando incluso a la muerte.

¿Cómo se manifiesta?

Si bien sus síntomas son variados, y en algunas situaciones puede resultar difícil percatarse de su existencia, debemos prestar atención a los siguientes síntomas: cambios súbitos de humor y energía, falta de concentración, pérdida de coordinación, temblores, y/o palidez.

¿Cómo tratarlo?

Cuando observes que se presentan algunos de estos síntomas, lo más recomendable es buscar un refugio para proteger a la persona afectada de lluvias o vientos que promuevan el desarrollo de la enfermedad. Junto a lo cual, es necesario también aislarlo de la posible humedad del piso, y abrigarlo con las ropas cálidas que se posean.

El armado de una hoguera es trascendental para proporcionar calor al cuerpo, mientras no se logre esto, se puede abrigar a la persona con el calor corporal de quienes se encuentren presentes mediante el abrazo. Si puede, evite suministrar alcohol a la persona afectada, y prepare algún líquido caliente y/o comida.

En caso de que la persona pierda la conciencia, es necesario la derivación inmediata a un centro de salud más cercano de ser posible.

Otros métodos para administrar calor, es el uso de piedras calientes que se pueden ingresar al refugio, además, se pueden calentar otras piedras pequeñas en la hoguera, las cuales se pueden poner en zonas claves del cuerpo del afectado, como axilas, nuca, manos, boca del estómago, zona lumbar y pies. Todo esto debe ser llevado a cabo en la posición más horizontal posible de la persona que lo padece.

La congelación

La congelación se produce cuando alguien se encuentra expuesto al frío por demasiado tiempo, provocando la formación de cristales de hielo en la piel.

Esto ocurre principalmente en las zonas comúnmente expuestas al ambiente, como lo son las manos, el cuello, el rostro y los pies.

¿Cómo prevenirlo?

Para prevenir cualquier tipo de congelamiento es necesario estar provisto para estos ambientes de elementos como calcetines térmicos, buenos zapatos aislantes, guantes, gorros, bufanda. La idea es tener cubierta la mayor superficie del cuerpo.

¿Cómo se manifiesta?

En un primer estadio, el congelamiento se manifiesta generando la sensación de pinchazos en las zonas más frías, provocando una lesión localizada.

Ya por debajo de los -2°C, la piel puede llegar a adquirir un tono blanquecino, dada la formación de cristales de hielo en el tejido. En estos casos, se debe actuar rápidamente para evitar la propagación del estado.

En los casos en que la congelación se propague, la piel comienza a volverse rígida e hinchada, pudiendo aparecer ampollas (que no se deben reventar). Posteriormente el tejido adquirirá un tono azul o negro, lo cual será señal de la gravedad del estado.

¿Cómo tratarlo?

Para mantener nuestra circulación sanguínea activa, el movimiento continuo de dedos y muñecas ayudarán. También podemos aplicar calor corporal a la persona afectada. En este sentido, si el congelamiento está sobre sus manos, estas se llevarán hacia nuestros muslos o axilas para poder calentarlas, si es en los pies, estos se pueden llevar hacia nuestro vientre. El rostro, las orejas y la nariz, los calentamos con nuestras propias manos, pero sin frotar las zonas. Una vez que el tratamiento ha sido efectivo, las zonas afectadas comenzarán a enrojecerse llegando incluso a dolerle.

Aun así, dado su estado convaleciente debemos procurar mantener el abrigo, ya que el riesgo de que vuelva al estado de congelamiento es alto.

En todos los casos, lo óptimo para el tratamiento, es lograr evacuar la zona y asistir al centro de salud más cercano, y mientras esto ocurra procura seguir manteniendo el calor corporal en la persona con líquidos y abrigos cálidos.

Si es posible calentar agua, se debe controlar que la temperatura oscile entre los veintisiete y veintiocho grados centígrados. También es recomendable desabrochar camisas, pantalones, quitar anillos y todo objeto que no permita la circulación sanguínea en óptimas condiciones.

Queratitis solar o "la ceguera de la nieve"

La queratitis, más conocida como ceguera de la nieve, es una de las lesiones más comunes que se produce en los climas de altura. Esto ocurre como resultado de una inflamación de la córnea, que es la parte transparente más externa del ojo.

Para sufrir esta patología tan solo bastan un par de horas sin la adecuada protección solar, por lo que resulta muy común en las alturas.

¿Cómo evitarlo?

La mejor manera de evitar este problema es la protección solar con gafas adecuadas, con un material resistente que pueda ofrecer una protección física contra traumatismos fortuitos.

¿Cómo se manifiesta?

Suele ocurrir que las personas que padecen estas lesiones comienzan a desarrollar sensibilidad a la luz, parpadeo frecuente, disminución de la agudeza visual y lagrimeo constante.

Posteriormente si la persona no se percata de estar lastimándose, puede incluso aparecer inflamación, enrojecimiento de los ojos e incluso la ceguera, aunque estos síntomas comienzan a desarrollarse entre seis a doce horas posteriores.

¿Cómo tratarlo?

El tratamiento más efectivo siempre será la prevención. Aun así, una vez que ya se presentan los primeros síntomas, si no se posee la posibilidad inmediata de derivar a un centro de salud, en el transcurso de esto, se debe procurar descansar en un lugar oscuro. Para esto pueden vendarse los ojos y aplicar paños mojados sobre estos.

CAPÍTULO CUATRO

Conseguir agua y alimento

Es importante remarcar que la supervivencia puede darse tanto en un entorno natural, como un bosque, un desierto, o el mismísimo Amazonas, como así también en un entorno construido por el hombre, como una zona de guerra, por ejemplo.

Teniendo en cuenta esto, conseguir agua y alimento en estos dos contextos tan diferentes no se dará de la misma manera, por este motivo es que en este manual se van a desarrollar ambos panoramas.

El agua

En algunas circunstancias, la búsqueda de agua suele transformarse en una necesidad trascendental en cuanto nos damos cuenta de que ésta comienza a escasear. En tales circunstancias, este debe ser un problema que debe ser solucionado lo antes posible.

Es sabido que nuestro cuerpo no puede tolerar por mucho tiempo la ausencia de este líquido vital, se puede estar varios días sin alimento, pero no, sin agua.

Aun así, la resistencia que podamos generar dependerá del ambiente en que nos encontremos, por ejemplo, en lugares frescos la ausencia de agua se enfrenta con mayor tolerancia que si nos encontramos en condiciones desérticas.

En este sentido factores como temperatura, humedad ambiental y actividad física, serán decisivos para determinar nuestra necesidad diaria de hidratación.

Si bien, en condiciones normales, la recomendación diaria puede llegar a no menos de dos litros de agua diaria, en casos como los ambientes desérticos, esta recomendación puede llegar a sugerir diez litros de agua por día.

Precauciones

Aun así, las dificultades no terminan cuando encontramos agua, ya que, en muchos casos, esta requiere ser purificada. Por este motivo, mientras nos encontremos viajando, es muy importante mantener ciertos cuidados al momento de beber agua o incluso de bañarnos, para poder evitar que se produzcan intoxicaciones por bacterias o parásitos que se pudiesen encontrar en ella.

Algunos indicios de esto son enfermedades como el cólera, la disentería, o la fiebre tifoidea.

Además, por ningún motivo vayas a consumir agua salada en exceso, debido a que su alta concentración salina puede dañar tus riñones provocándote enfermedades complejas.

Es aconsejable que cuando te encuentres de viaje en algún lugar en que te parezca dudosa la procedencia y la calidad del agua, te guíes por estas siguientes herramientas para cuidar tu salud.

Métodos para la purificación del agua

Pastillas potabilizadoras: Este método es sumamente práctico y sencillo. Sólo necesitas introducir estas pastillas en el agua, y en aproximadamente una hora, éstas comienzan a liberar iones de plata que pueden acabar con los gérmenes presentes en él.

Yodo: Otra manera de lograrlo mediante un procedimiento similar, es adquiriendo "tintura de yodo". En este caso sólo necesitaremos depositar diez gotas por cada litro de agua y esperar al menos media hora para poder consumirla.

Lejía: Mismo procedimiento, aunque la desventaja de su uso es el sabor poco agradable que puede dejar en el agua. Si no tienes otra opción, en este caso necesitas depositar de cuatro a seis gotas por litro de agua.

Ebullición: Es quizás el método más popular y sencillo, aun así, no es el más completo, ya que el proceso de ebullición no acaba con el 100% de los gérmenes que nos pudiesen causar malestares, pero si no tienes más opción, dejar hervir el agua durante diez minutos y beberla cuando ya se encuentre fría.

Filtrar agua: Este es otro método de gran uso para situaciones extremas. En este caso necesitaremos dos recipientes y algunos elementos que podemos hallar en donde nos encontremos.

Debemos dejar reposar el agua durante varias horas en un recipiente, para luego traspasar el líquido a otro pote que esté ubicado por debajo. Podemos ayudarnos realizando filtros con pedazos de caña de bambú, tubos de plásticos, etcétera, a los cuales añadiremos piedras o incluso puede ser arena limpia, la cual nos ayudará en la filtración de elementos que se encuentren depositados en aguas estancadas o sucias.

El mito popular dice que muchas personas extraviadas, pudieron sobrevivir por más días consumiendo su propia orina. Pues bien, esto no es así, y de hacerlo, puede agravar aún más la situación y por lo tanto la recomendación es que no lo hagas nunca.

Cómo encontrar y recolectar agua en la selva

En estos ambientes, el agua suele ser un elemento que no es difícil de encontrar. Puede darse en ríos, charcos, pantanos o lagos. En cualquiera de estos casos, la recomendación es que realices algunas de las formas de purificación que se señalaron anteriormente. Aun así, puedes obtener esta mediante algunos frutos y plantas, como, por ejemplo, el coco o en el interior de cañas.

Pero atención, no todos los líquidos de las plantas son aptos para su consumo, siendo este el caso de las plantas cuya savia se presenta de aspecto lechoso.

Pero que esto no te desmoralice, ya que, por encontrarnos en un clima de selva, los regímenes de lluvia son prácticamente diarios, por lo cual debes traer contigo algún recipiente que te permita recolectar el agua de la lluvia.

Si estos elementos con los cuales recolectas el agua se encuentran limpios, no tienes necesidad de purificarla.

Otra señal segura para la búsqueda de agua es continuar los senderos dejados por los animales, ya que las rutas más transitadas por los mismos son hasta los bebederos.

Por último, si cargas con alguna tela con gran resistencia, una vez que comience a caer la lluvia, puedes cavar un pequeño pozo y depositar la tela, para que acumule el agua caída. Solo debes prever que la debes recolectar rápidamente, porque si la dejas allí, se puede evaporar con facilidad.

Cómo encontrar y recolectar agua en la montaña

En paisajes de altura y sin árboles, debes caminar observando el terreno, en la búsqueda de piedras que presenten manchas oscuras en alguno de sus lados y por, sobre todo, de manchones verdes que corresponden a pastos y vegetación.

Aquí nuevamente debes prestar atención a los senderos dejados por los animales, pero también será muy útil guiarte por los pájaros que sobrevuelan el terreno en que te encuentras. Si ves que estos están cazando o sobrevolando un mismo lugar, puede ser que entonces estén sobre un lugar con agua.

Si tu posición se encuentra en un clima de altura mucho más hostil, por ejemplo, con mayor cantidad de cactus, puedes intentar obtener agua mediante el método de excavación de pozo que verás más adelante.

Ahora, si te llegases a encontrar en un clima de alta montaña, no deberías tener mayor problema, ya que podrás encontrar agua bajo capas de hielo o en los lechos de río que se forman en los periodos de deshielo.

Si en el terreno en el que te encuentras hay mayor formación de nieve y no cuentas con herramientas para poder hacer un fuego, puedes derretir la nieve en tu boca, siempre teniendo la precaución de ir consumiendo pequeñas cantidades.

En estos casos, siempre es preferible derretir hielo antes que nieve, dado a su mayor concentración de líquido, lo cual la hace más efectiva para saciar tu sed.

Como encontrar agua en el desierto

Supongamos que nos encontramos con la siguiente situación: nos hemos dado cuenta de que nuestras reservas de agua son escasas, y que estamos muy lejos de algún lugar en el que nos pudiesen solucionar este problema.

Pues bien, una de las primeras cuestiones que habría que considerar, sería la de tener en cuenta las características vegetativas de la zona, pues estas son indicativas de existencia de agua.

Además, habría que sumar la búsqueda de lechos secos de río, ya que, al escarbar en ellos, podríamos conseguir dar con alguna napa subterránea.

En las zonas de dunas o médanos, debes elegir el punto más bajo entre dos de estos, y comenzar a cavar. Si encuentras humedad, continua. Si no es así, es preferible que vayas a escarbar en otro punto de la zona.

También, nos será menester observar si existe presencia o rastros de animales, ya que sus rastros nos pueden llevar hacia alguna fuente de hidratación. En estos casos, es más útil comenzar los rastreos en las primeras horas del día o al atardecer.

Si bien los desiertos son considerados como uno de los ambientes más extremos para poder conseguir agua, con el paso del tiempo se han desarrollado numerosas formas que simplifican los medios para obtenerla. Aquí podrás conocer dos de los métodos más sencillos para su recolección.

Fabricación de herramientas para acumulación del agua

1) Atrapanieblas: Mediante esta herramienta nos es posible acumular el agua de las nieblas matutinas que se dan en algunos desiertos del mundo. Para ello, sólo necesitaremos algún plástico (puede ser un envase de botella de plástico partido en dos hacía lo largo del recipiente) que colocaremos por debajo de una red que se encuentre firmemente sostenida sobre la arena.

Esta red debe quedar estirada, para lo cual la podemos sujetar amarrándola a dos palos en sus extremos o algún elemento similar, dejándola estirada por sobre el plástico que dispusimos debajo de esta, entonces, el agua comenzará a quedar atrapada en nuestra tela, goteando hacia nuestro recipiente.

2) Destilador: Otra manera similar, es cavar un hoyo no muy profundo en la arena, que sea de aproximadamente de un metro de diámetro y cincuenta centímetros de profundidad. Dentro de este, colocaremos un recipiente sobre el que deslizamos un pedazo de tela o plástico (idealmente de 2x2 metros), el cual debe quedar bien firme para recibir el agua que se produce en la condensación expuesta a este material.

Este procedimiento requiere que se ubique una piedra o algún objeto que dé un poco de peso en el medio de nuestro plástico, el cual guiará las gotas acumuladas sobre este material hacia nuestro recipiente.

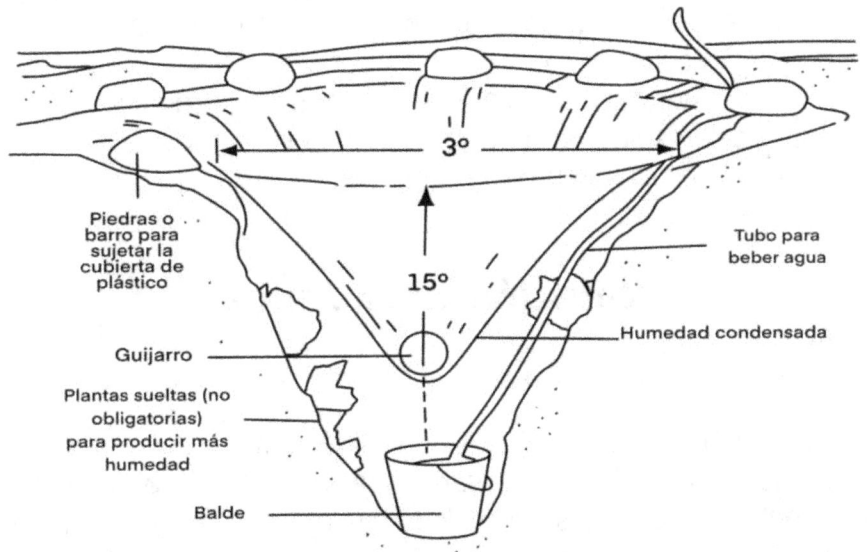

Mediante este último método, es posible llegar a generar un litro de agua en un día. Por lo que es recomendable generar alguna manera de recoger el agua que no necesite desmontar el material. Esto puede lograrse mediante la introducción de una bombilla de plástico o algún tubo o material similar que permita la conexión entre el recipiente y la superficie para que puedas consumir agua a través de este.

Este sistema de recolección de agua por condensación puede incrementar aún más su efectividad si es que se añade al fondo y alrededor de nuestro recipiente algunas plantas, tallos o lo que encontremos que pueda ser vegetativo.

Bajo estas condiciones extremas de supervivencia en el desierto, es necesario que consideres no realizar ningún movimiento que produzca transpiración corporal, de tener la necesidad, es ideal que se haga durante la noche.

Además, se debe ser muy estricto con el racionamiento y tratamiento del agua; esta debe quedar bajo una sombra y deberías esperar al menos dos horas antes de tomar el agua que vas recolectando, a excepción de personas que se encuentren heridas. Si la cantidad de agua que reúnes es muy poca, úsala solo para humedecer los labios, e intenta mantenerte en la sombra durante el día.

Nutrición y conciencia

El cuerpo humano necesita de comida para poder proveerse del calor y la energía necesaria que le permitan obtener los elementos necesarios con los cuales pueda construir y reconstruir nuevos tejidos, sea para reparación, crecimiento o reproducción.

Un cuerpo sano puede incluso sobrevivir durante un lapso tan sólo recurriendo a las reservas de grasas almacenadas en nuestros tejidos. Sin embargo, la escasez de alimentación puede poco a poco ir debilitando y así, mermando la recuperación después de una jornada de actividad física o de una enfermedad.

En consecuencia, la alimentación es fundamental para toda persona, pero mucho más para una persona en situación de supervivencia.

Ahora bien, esto no significa que debas abandonar una dieta equilibrada bajo estas circunstancias, si por ejemplo, te encuentras extraviado en medio de un bosque mediante el cual te resulta muy fácil conseguir la carne de algún mamífero para poder alimentarte, puedes balancear esta tarea en relación a la necesidad de otros elementos que consume el cuerpo humano para poder subsistir.

En estas condiciones, la recomendación sería que no abandones la hidratación, ni mucho menos dejes de buscar frutas y hortalizas que te puedan alimentar.

Recuerda que la dieta de una persona debe estar integrada por una amplia variedad de sustancias nutritivas, las cuales deben incluir proteínas, carbohidratos, grasas, minerales, así como otros microelementos y vitaminas.

Requerimientos energéticos

Carbohidratos

Los carbohidratos o las grasas -dependiendo de la dieta- forman la parte más importante de una dieta, constituyendo la principal fuente de energía, no solo para los esfuerzos físicos, sino también para alimentar las funciones y actividades de nuestro sistema nervioso.

En el caso de los carbohidratos, su composición está formada por carbono, hidrógeno y oxígeno, los cuales son sintetizados principalmente por las plantas. Nuestro cuerpo al ingerirlas las puede convertir fácilmente en energía para el organismo y requieren una gran absorción de agua para su procesamiento.

Existen dos tipos de carbohidratos:

- Azúcares: Los cuales se encuentran en el almíbar, el azúcar, la miel, la melaza y las frutas.

- Féculas: Las cuales se encuentran en los cereales, las raíces y los tubérculos.

Grasas

En cuanto a las grasas, ellas poseen elementos similares a los carbohidratos, aunque combinados de manera diferente; lo cual también las hace una fuente importante de energía para nuestro cuerpo.

Además, pueden suministrar el doble de calorías que los carbohidratos, quedando almacenadas en el cuerpo como una capa de grasa debajo de la piel que rodea nuestros órganos. Sin embargo, exigen un proceso digestivo mucho más prolongado.

La ingesta de grasas da calor y aislamiento al cuerpo, protege nuestros órganos, lubrica el tracto alimentario, por lo que se las considera una rica fuente de reserva energética.

Podemos encontrar grasas en animales, pescados, huevos, leche, frutos secos, semillas y algunos vegetales y hongos aptos para el consumo.

Proteínas

Las proteínas son las unidades químicas básicas para la materia orgánica que compone nuestro cuerpo. Estas son constitutivas de los alimentos que poseen nitrógeno.

En consecuencia, son fundamentales para el crecimiento y reparación del organismo.

Las principales fuentes que nos pueden proveer de proteínas son la carne, los pescados, los huevos, la leche y derivados lácteos, así como plantas en forma de granos, legumbres y semillas. También las podemos encontrar, aunque en pequeñas cantidades, en tubérculos y otras hierbas.

Últimamente, se ha descubierto que los hongos aptos para consumo humano son una importante fuente de proteínas.

Muchos especialistas consideran que la proteína animal contiene todos los aminoácidos que los seres humanos necesitamos, lo cual en situaciones de supervivencia la pondría por sobre las plantas en cierto grado de consumo, ya que estas requieren de un consumo abundante y variado para lograr los mismos efectos.

En casos de supervivencia en que no podamos optar por carbohidratos ni grasas, el cuerpo humano posee la habilidad de transformar las proteínas en energía, pero a expensas de descuidar otras necesidades de nuestro organismo. Por eso, en situaciones extremas, esto implicaría una situación complicada.

Minerales

Su importancia es trascendental para los procesos metabólicos y enzimáticos que requiere un cuerpo en óptimas condiciones de salud. Los minerales que el cuerpo humano necesita en mucha cantidad son el calcio, el fósforo, el sodio, el cloro, el potasio, el azufre y el magnesio. Otros, como por ejemplo el flúor o el hierro, son mucho menos requeridos por nuestro organismo.

El calcio, necesario para los huesos y dientes, también posee otras funciones en nuestra composición muscular y sanguínea. Los distintos grupos de alimentos poseen diferentes cantidades de estos elementos.

Vitaminas

Las vitaminas son trascendentales para nuestra salud, ya que estas cumplen un papel muy importante en el mantenimiento del cuerpo humano, como así también en la prevención de enfermedades.

Actualmente existen cuarenta vitaminas diferentes, dentro de las cuales un poco más de una docena se les considera esenciales para nuestro organismo. Estas se encuentran en pequeñas cantidades en nuestros alimentos.

La vitamina D, es una de las vitaminas que puede ser sintetizada en nuestra piel cuando nos exponemos a los rayos del sol.

La vitamina K, puede ser sintetizada por las bacterias que se encuentran en nuestros intestinos, sin embargo, otras deben obtenerse de fuentes externas a nuestro cuerpo.

Muchas enfermedades pueden desarrollarse por una deficiencia de estas, como el escorbuto o el raquitismo.

Alimentación: caza y pesca de supervivencia

En este apartado trataremos los métodos óptimos de caza y pesca en situaciones de supervivencia.

Bajo estas condiciones extremas, la alimentación se vuelve una necesidad en relación con la cantidad de actividad física que se requiera, cuanta menos actividad, más posibilidad tenemos de racionar nuestros alimentos.

Si nos encontramos viajando en grupo, las personas que salen a la búsqueda de ayuda deben disponer de una ración doble de comida, puesto que, así nos aseguraremos de que realizaran un viaje en mejores condiciones.

Cómo se raciona la comida en el grupo que se queda en el refugio:

Se deben estimar los días necesarios para llegar a algún destino y/o rescate.

El alimento que se posea debe ser racionado en tres tercios.

Durante la primera mitad del tiempo estimado, se deben consumir dos tercios de esta, ya que, de esta manera no se pasa a un régimen tan violento de racionado de forma rápida.

Lo más importante es mantener la hidratación, y el tercio restante de alimentos se proveerá en los últimos días previos a ser rescatados.

Como se maneja la alimentación en el grupo que sale para buscar ayuda:

Si eres de las personas que integran el grupo de exploración, intenta encontrar alimentos naturales en el camino para consumir estos, y guardar los que ya se traen racionados.

Si los alimentos que encuentras son desconocidos para ti y/o el grupo, se debe consumir solo una pequeña cantidad y esperar ocho horas para observar sus efectos.

Si cumplido este tiempo no presentan malestares, almacena las provisiones que recolectaron y continúa tu viaje.

Si cumplido el tiempo presentan malestares tales como diarreas, vómitos, o náuseas, tienes dos opciones: volver a consumirlos en menor cantidad o dejarlos y hacer un poco de dieta para sobrellevar el viaje.

La caza

La destreza con la que podamos actuar será proporcional a los elementos de que podamos disponer e improvisar. Sea cual sea tu condición, lo más importante será la forma en que la practiques y tu éxito dependerá de tus aptitudes en cuanto a la escucha, el olfato y la vista.

En otras palabras, la observación del lugar en complementariedad con aptitudes psicológicas como el temple y la serenidad, son factores cruciales para el éxito de nuestra empresa, puesto que podemos ser muy habilidosos a la hora de construir trampas, pero si no observamos bien los movimientos del territorio, estas pueden tener muy baja efectividad.

Por eso la observación debe estar guiada hacia lo que podemos tener, cómo lo podemos hacer y dónde lo podemos obtener. Por este motivo, las primeras horas del día suelen ser las más recomendadas para inmiscuirse en el territorio. Debemos estar atentos a huellas, heces, y caminos realizados por los animales.

Los mamíferos más pequeños suelen realizar actividades de forma rutinaria, por eso, si tenemos ya un refugio establecido, debemos aprovechar el resto del día instalando trampas que revisaremos por las mañanas y durante la noche.

El camuflaje

Es fundamental practicar la caza con cautela y paciencia, para ello debes reflexionar sobre tus accesorios y movimientos. En algunas ocasiones te será necesario incluso moverte arrastrado para evitar ser visto o detectado por potenciales presas.

En cualquier caso, para no alertar tu presencia, puedes utilizar pequeñas ramas, hojas y ropa de género blanco como camuflaje, ya que ésta irá adquiriendo las tonalidades del lugar en que te encuentres. También sirve colocar barro en cualquier zona que refleje luz, ya sea de tu cuerpo o de los elementos que llevas, como un arma e incluso un botón.

Además, cubrirte de barro te proporcionará un repelente necesario contra los distintos mosquitos que puedan presentarse en la zona (para este efecto también sirven las brasas de madera). En suma, cualquier tipo de elemento accesorio, debe quedar camuflado al momento de la caza, pulseras, relojes o anillos, pueden revelar tus movimientos.

Por último, debes intentar mantener tu postura no completamente erguida, ya que esta entorpece nuestros pasos y nos expone a ser detectados.

El silencio

Cuando se está de cacería, cualquier ruido que se haga de más impacta negativamente en la obtención de alimento. Por ello, debemos ser cautos con nuestros movimientos, sea cual sea el tipo de suelo (pasto, nieve o rocas) nuestro desplazamiento será significativo para nuestro objetivo.

En este sentido, deja en el refugio cualquier objeto que pueda añadirte ruido y peso de más. Debes moverte despacio y si posees un arma, tienes que prepararla antes de comenzar tu asedio.

Esta precaución se debe tener más aún si es que nos encontramos en un ambiente nocturno, donde el sonido se amplifica mucho más.

En todo caso, siempre resulta conveniente cazar en dirección al viento, para que nuestros olores y sonidos lleguen atenuados a nuestras presas.

Olores

Por muy preparados que creamos estar, siempre es importante ser conscientes de la desventaja en que nos encontramos al estar en un ambiente que desconocemos, por lo que debemos reducir todos nuestros márgenes de error lo más posible.

Con relación a esto, los olores son un tema fundamental, es necesario que no uses ningún elemento que pueda revelar tu presencia, para eso no te apliques repelente al momento de cazar (puedes aplicarte barro para evitar las picaduras), y especialmente evita fumar.

Precauciones para animales terrestres

En cuanto a este apartado, la gran mayoría de los animales pueden comerse, por ejemplo, aves y mamíferos de pelo (terrestres) sin ningún tipo de excepción.

Aun así, en estas condiciones limitadas de alimentación, los anfibios, reptiles e insectos, suelen ser una buena fuente proteica que cuenta con la facilidad para ser cazados a diferencia de los mamíferos.

Sin embargo, las primeras precauciones surgen en relación con las serpientes, culebras, lagartos, ranas y sapos. En el caso de las serpientes y culebras, como medida de precaución con relación al veneno, puedes cortarles la cabeza antes de consumirla, para el caso de lagartos, ranas y sapos, debes quitarles su piel antes de consumir.

Ejemplo de caza

Si tienes indicios de que te encuentras ante un animal en el interior del hueco de un árbol, puedes introducir una vara, que por lo general hará que la muerdan y de esta forma comprobarás su presencia.

El paso siguiente consistirá en añadir humo para que se sientan amedrentados y desesperados por abandonar el lugar, en estas circunstancias ya debes tener preparada tu arma o algún palo para golpear al animal en su cabeza.

Precauciones en cuanto a animales marítimos

Quizás la precaución más importante que debes tener presente en relación con los animales marítimos es que si bien en general son comestibles, por ningún motivo los consumas si encuentras que ya están muertos. Ahora bien, una vez frente al mar, el consumo de huevos de erizo y estrellas de mar aporta una importante fuente de nutrientes para el transcurso del día.

Ejemplo de caza en el agua

Si te encuentras en zonas con condiciones para cazar cangrejos, puedes improvisar una caña sumergiendo un hilo con un pedazo de carne atado en la punta que va hacia el agua. Si observas que el cangrejo ha cogido de él, debes tener la precaución de sacar el hilo de manera muy lenta, para que el animal no se te suelte.

Ya con el cangrejo en tu poder, solo basta con dejarlo en agua hirviendo un tiempo, y de esta manera su sabor será más placentero.

Elaboración de trampas

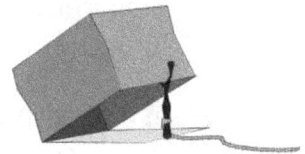

Las trampas te pueden resultar de gran ayuda para complementar la búsqueda de tu alimento, y en el caso de que no contaras con un arma o un cuchillo para salir de caza, ésta se transformará en la mejor herramienta para obtener el alimento.

Para ello es necesario que evalúes muy bien tu situación y jamás te desesperes, piensa muy bien lo que puedes hacer con los medios que tienes, reúne poco a poco los elementos que vas a necesitar y comienza a preparar alguna trampa.

Trampas de lazo para animales terrestres

Los lazos por lo general son adaptables a cualquier tipo de animal, puesto que lo único que cambia será la forma de armarlos y colocarlos en relación con la presa y el lugar.

Un lazo para carnada terrestre puede ser construido a partir de algún alambre o cable resistente, el cual quede amarrado de un extremo a alguna rama u objeto como estaca de madera, tubo metálico u otro.

Si por ejemplo has descubierto una senda por donde transitan animales pequeños, debemos primero observar sus movimientos para luego preparar el lazo de forma que solo pase por esta la cabeza del animal.

Este orificio se puede llegar a disimular utilizando los elementos naturales que componen el paisaje (hojas, ramas, barro, etcétera), el mismo debe estar instalado a cuatro dedos del suelo. Además de esto, puedes llevar tu lazo a las afueras de una cueva en que previamente hayas detectado la existencia de algún animal.

Una estrategia para estos casos consiste en que siempre que se pueda, estreches la salida de la cueva, de forma tal, que obligue al animal a pasar por el lazo, y llegado el momento solo te quedará jalar el alambre, provocándole la muerte por asfixia.

Trampa en forma de 4

También conocida como trampa por "golpe mortal", es un dispositivo clásico que se utiliza para matar presas por aplastamiento. Mediante este método, se pueden cazar mamíferos y aves. Otras formas de instalar una trampa utilizando herramientas similares, son los tipos de "trampa por zancadilla".

Trampas marítimas

Antes que todo, en el medio acuático debes tener en cuenta todas las recomendaciones de caza que viste anteriormente, por ejemplo, con relación al olor en tus manos, es necesario que te las laves antes de colocar un anzuelo y para ello hazlo lejos del lugar en que vas a pescar (es recomendable no utilizar jabón). Como carnada puedes utilizar lombrices, larvas, insectos o peces pequeños que hayas podido capturar. Además, puedes también improvisar la carnada con intestinos de aves o ratones.

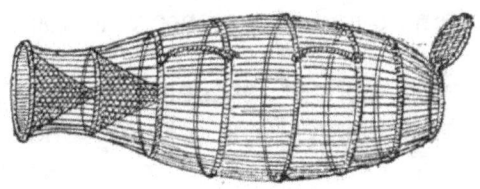

Endicamiento con laberinto

Un endicamiento es la formación de un dique en los cauces de un río, aprovechando estas circunstancias naturales, este tipo de trampa se recomienda en los tramos en que se estrecha un río. Una vez los peces intentan atravesar por esta, es el momento en que se les debes golpear en la cabeza para luego ser extraídos.

Durmientes

Son anzuelos que se pueden dejar cebados y atados a alguna rama flexible cerca de la orilla del río. Es un método efectivo para cazar no sólo peces, sino que también otros animales como anfibios e insectos.

Trampa por anzuelos

Pueden ser elaborados a partir de espinas o trozos de maderas afilados en los extremos, también con alambres, insignias de metal o clavos.

Estos se pueden dejar durante la noche y sin mayor necesidad de nuestra atención, para esto, puedes atar la línea de tu anzuelo a una rama o caña resistente y flexible.

Otra forma para fabricar anzuelos puede ser mediante pedazos de metal brillantes (como los de una lata), plumas o pelos.

Si la presa cae durante la noche, esa flexibilidad evitará los cortes de línea y ya por la mañana podrás recoger tu alimento del agua. Si estás en un lugar en que hay pirañas o palometas, debes estar atento a la trampa cada cierto rato. Y si ya estás en condiciones de pescar, intentar buscar lugares hondos o en que se formen rápidos, detrás de la caída de aguas o cerca de grandes rocas sumergidas.

Para mayor efectividad se recomienda hacerlo no durante las primeras horas del día, sino durante el atardecer. Si ves que no tienes éxito en un lugar, prueba con buscar otro sitio.

Si lo que prefieres es pescar por las noches, puedes utilizar alguna linterna o farol para mejorar tus resultados.

La pesca con caña

Las mejores horas para realizar una pesca con caña suele ser bien temprano por la mañana o al atardecer. Si el clima ofrece una tormenta, esto también es una buena opción para intentar pescar tu alimento.

Pesca con arpón, lanza o tridente

Este método requiere además de herramientas más específicas para su construcción, una gran habilidad y técnica de quien se lanza a la cacería. Para ello, podemos improvisar un arpón de madera con una punta afilada de algún hueso o piedra, para posteriormente irnos en búsqueda de aguas poco profundas.

Pesca a mano

Este método prohibido por algunos países es muy efectivo si nos encontramos en aguas superficiales. Consiste en introducir cuidadosamente la mano bajo las piedras, raíces y oquedades, que son los lugares típicos en que suelen esconderse y descansar los peces.

Después de esto, llevaremos suavemente la mano hacia la panza del pez y le hundiremos nuestros dedos en él para poder sacarlo.

Qué hacer cuando saco un pez del agua

Una vez obtengas éxito con tus trampas o la pesca, con alguna piedra o palo debes proporcionar un golpe seco en la cabeza del animal que saques, para que este no permanezca agonizando y así evitar el sufrimiento prolongado.

Del mismo modo, es recomendable que no consumas los huevos de los peces, así como también sus hígados.

Finalmente, es preferible que devuelvas todo pez que presente escamas espinosas o formas extrañas, con lo cual nos evitaremos un daño por envenenamiento o malestar al comer.

La respiración: otra fuente de alimentación

Algo que muchas personas ignoran, es que la respiración es nutrición, y esto muy pocas veces se trata en los manuales de supervivencia. En este sentido, por lo general descuidamos la importancia de una respiración profunda y consciente, como factor indispensable, no solo para la supervivencia, sino que para mantener nuestra salud y bienestar psicológico y físico.

¿Qué es respirar?

Respirar es el proceso relacionado al intercambio de oxígeno y dióxido de carbono entre la sangre y su medio ambiente. El oxígeno es la primera de las necesidades fisiológicas del organismo humano, como de cualquier otro animal, seguidas por la necesidad de hidratarse, alimentarse, y descansar. Por esto, la respiración en sí misma es una forma de nutrición fundamental en nuestras condiciones de existencia cotidiana, y más aún, en estas situaciones extremas de supervivencia.

La respiración y la alimentación son procesos estrechamente entrelazados, y en este sentido, el aparato respiratorio obtiene oxígeno del aire para oxidar los nutrientes obtenidos de la comida mediante el aparato digestivo, y así conseguir la energía necesaria para poder vivir.

De esta manera, el oxígeno pasa de los alvéolos pulmonares hacia la sangre, y de la sangre a nuestras células, las cuales lo utilizarán en los procesos metabólicos de la respiración celular. Sin embargo, en nuestra vida diaria, descuidamos nuestra respiración dada nuestras cotidianidades tan atareadas.

En otras palabras, respirar plenamente para oxigenar adecuadamente el cuerpo, nos permite aprovechar al máximo la energía de los alimentos, también nos ayuda a mantener nuestro equilibrio mental, salud corporal y emocional; pese a que es una práctica que muchas veces ignoramos.

De hecho, nuestros patrones respiratorios, se ven alterados en una situación de emergencia, atravesados por el desarrollo de cuadros de estrés, ansiedad, nerviosismo, pánico, ira, miedo, entre otras emociones negativas. Estos estados inducen una respiración superficial, arrítmica e infrecuente.

Lo que comúnmente podemos escuchar en frases como: "se me corta la respiración", o "me falta aire".

Estas reacciones orgánicas, son fruto de los estados mencionados anteriormente, y se generan, debido a que el cuerpo evita sentir plenamente y silencia el dolor, las emociones y los sentimientos que al 100% de nuestras capacidades mentales nos puede resultar abrumador.

CAPÍTULO CINCO

Cómo construir un refugio seguro

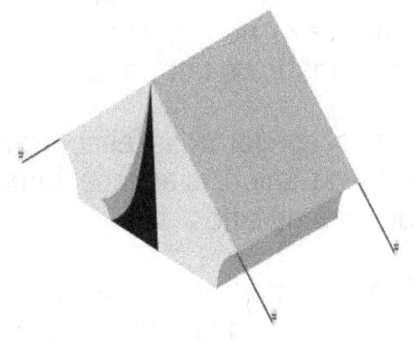

Sea donde sea que estemos, si debemos sobrevivir, es muy importante tener un lugar confortable y seguro para refugiarnos.

Cabe destacar que la hipotermia, la insolación o ser picados por algún animal puede ser fatal y son de los peores riesgos que corremos al encontrarnos expuestos. Por eso contar con un refugio que pueda mitigar el riesgo de padecer ante alguna de ellas resulta prioritario.

Lamentablemente, no siempre nos encontraremos con lugares óptimos propensos a ser utilizados como refugios, por lo que muchas veces será necesario construir uno pasajero, ya sea para pernoctar durante la noche, como para protegernos de alguna inclemencia climática o natural que pueda suceder.

De esta manera nos aseguramos encontrarnos en óptimas condiciones no solo de salud, sino que también psicológicas para enfrentar nuestros desafíos.

Pues bien, existen distintos tipos de refugios que podrías llegar a construir, los cuales dependen básicamente de:

- Nuestras necesidades.
- El ambiente en el que nos encontramos.
- El tiempo que planeemos estar en la zona.
- Las herramientas con las cuales podamos contar en ese instante.

En relación a esto último, si lo que pretendemos es realizar un viaje extremo, lo recomendable es que siempre deberíamos contar dentro de nuestro equipaje con al menos las siguientes cuestiones básicas como: una navaja o algún buen cuchillo, un encendedor, una brújula, un mapa, un plástico (idealmente de 2x2 metros) o algo similar, que ocupe poco espacio y sea impermeable.

Ya en el lugar de supervivencia, será necesario buscar un emplazamiento lo más seco posible e idealmente protegido de forma natural contra el viento.

Otra recomendación, es evitar instalar nuestro refugio en las cercanías de un río, dado que debemos evitar que seamos sorprendidos por una subida de este.

Si hacemos caso omiso a esta recomendación, unas fuertes lluvias terreno arriba podrían llevarse todas nuestras herramientas y artículos recolectados, pudiendo generar daños irreparables para nosotros, reduciendo drásticamente nuestras posibilidades de sobrevivir.

De la misma manera, son arriesgados los cursos secos de ríos, dado que una tormenta bastará para que ese lugar se convierta nuevamente en un torrente fluvial.

En la misma línea, es importante revisar que, si construyes un refugio a la sombra de algún árbol, este no tenga ramas secas que puedan caer sobre tu lecho, y la misma atención debes prestar en cuanto al desprendimiento de rocas, por estar cerca de algún cerro.

En síntesis, debes ser muy consciente del lugar que te rodea, manteniendo el respeto y cuidado de lo que allí se ha dado.

Los tipos de refugios que podemos generar

Sea cual sea el lugar en que nos encontremos, es fundamental obtener la comodidad necesaria para reponer nuestras energías y protegernos durante el día y la noche de las inclemencias del medio ambiente que nos rodea. Por este motivo el emplazamiento que seleccionemos para ello debe estar lo más horizontal posible, idealmente en un terreno blando y necesariamente seco.

Para ello debemos elegir algún emplazamiento abierto y alto, y, aun así, ante cualquier escenario natural en que te encuentres, procura siempre revisar el lugar en el que te recostaras antes de hacerlo, y por la mañana, sacude toda la ropa que vayas a ponerte, incluyendo medias y calzado.

A continuación, distinguiremos algunos tipos de refugios que puedes improvisar:

Refugios naturales

Son aquellos espacios que requieren condiciones mínimas de intervención para lograr nuestra protección y descanso. Ejemplo de ello pueden ser cuevas, o formaciones favorables en terreno y en vegetación, los cuales no implican mayor intervención humana que la de acomodar un piso confortable.

Refugios que requieren nuestra intervención

Son aquellos lechos que improvisamos a partir de los materiales con los que contamos, además de los que nos puede proveer el ambiente en que nos situamos.

Con forma de A

Es el más clásico de los refugios, aquel que solemos ver en las animaciones de aventuras por el bosque. Este tipo de refugio se comienza armando en base a la recolección y ubicación de palos que adopten la forma triangular, concéntricos en su punta.

Posteriormente se cubre ésta con una capa de hojas ligeramente, y finalmente se añade otro poco de vegetación y ramas, ubicadas de manera que no perforen nuestra tienda. Y así el viento no podrá levantar nuestro techo.

Con lámina de plástico

Como se mencionó anteriormente, muchas veces es necesario cargar con una lámina de plástico, ya que esta se puede utilizar tanto de aislante en el piso, como de techo improvisado entre dos árboles frondosos.

Posteriormente podemos cavar una zanja por todo el alrededor del refugio, de manera de evitar encharcamientos en caso de que se produzca una lluvia.

Con árboles caídos

Podrás construir un refugio utilizando cuerdas o algún elemento para amarrar. En este caso nos podrá ser útil un árbol caído, para protegernos del viento, pudiendo incluso improvisar una especie de techo si es que existen ramas.

Para mayor comodidad podemos también armar un piso natural a base de hierbas e incluso una especie de cobertizo si es que existiesen ramas óptimas para tal efecto. Este tipo de refugios es apropiado sólo en casos de estancia pasajera en el lugar.

Cobertizo

Para realizar el armazón de uno de estos refugios es de esperar que logremos conseguir uno o dos árboles que nos sirvan como soporte, con lo cual podremos obtener una solidez necesaria para continuar el rellenado de nuestro refugio.

Es muy importante tener clara la dirección del viento, ya que lo ideal es que el mismo golpee de espaldas a nuestro refugio.

Posteriormente, cubriremos nuestro techo con hierbas y hojas, las más grandes que se puedan encontrar, de manera que podamos lograr una impermeabilización respecto al ambiente externo.

En climas fríos debemos tener precaución con la posición en que hagamos el fuego en relación con el viento, de manera de no terminar ahumados, ni podamos ocasionar algún tipo de incendio.

En ambientes arbolados, las hojas de palma u otras anchas y de gran tamaño, como así también los pedazos de corteza, pueden ser colocados de arriba hacia abajo para evitar las filtraciones de agua.

Recomendaciones generales para tu refugio según zonas específicas

Mejores refugios para la selva

Para casos como este, construye idealmente tu refugio en lugares abiertos que se encuentren en altura con respecto a pantanos y vegetación arbustiva. Además, como ya se mencionó, debes considerar el evitar instalarte bajo árboles que presenten ramas secas que pudiesen ocasionar algún daño si es que caen.

En relación con el tipo de refugio, ya sea que escojas hacer un cobertizo o un refugio con forma de A, las hojas anchas y de gran tamaño puestas en lo que sería tu tejado, te servían a la hora de establecer tu lugar de descanso. Para mayor firmeza de la estructura debes buscar ramas, cañas, y/o enredaderas que te permitirán generar amarres y darle mayor sostenibilidad al soporte.

En este mismo sentido, recuerda ubicar la cama (o tu lecho) lo más separado del suelo posible, debido a que es muy común la presencia de arañas, hormigas, escorpiones, así como también de humedad. Dado las características de la zona, lo más común es que para poder preparar un fuego, te encuentres con madera y leña bastante húmeda.

Para estos casos una buena manera es abrirlas lo más posible, ya que sus centros se encontrarán secos. De la misma manera, los nidos de aves al igual que el interior de las cuevas de hormigas blancas, resultan ser una buena fuente de combustible en el caso de no contar con otras formas para poder preparar el fuego.

Una vez resuelto este problema y tengamos en funcionamiento nuestra fogata, podemos colocar los troncos húmedos a su alrededor para provocar que se sequen.

También es recomendable utilizar hojas verdes y ramas que te proporcionen un humo, lo cual se hace necesario para alejar a todo tipo de insectos y mosquitos.

En cuanto a la vestimenta personal, intenta estar lo más cubierto posible, protegiendo espacios típicos que quedan al aire como cuellos y tobillos.

Tus pies y tus medias deben ser lavados todos los días, lo cual garantizara evitar que te provoques alguna enfermedad en la piel y/o te encuentres con algún insecto de la zona.

Por esto mismo para evitar que se te presente el problema de las garrapatas, revisa una vez al día toda la ropa y también tu cuerpo. Si encuentras una, debes tener la precaución de no intentar arrancarla de tu cuerpo de manera forzada, ya que la cabeza de esta puede quedar en el interior de tu piel provocándote alguna infección posterior.

Para ello lo que podemos hacer es aplicar antes unas gotas de yodo o tocarlas con alguna brasa de madera o de un cigarrillo. Este procedimiento puede servirte también para el caso de las sanguijuelas. Las cuales además podemos eliminar añadiendo un toque de sal sobre ellas.

Como ves, es necesario que revises tu cama antes de acostarte y también al despertar, así como sacudir todas tus pertenencias y por sobre todo lo que vayas a usar en ese día.

Llegado el caso, si ves algún tipo de araña o alacrán caminando sobre tu cuerpo, mantén la calma, y haz que pueda bajar solo.

De hecho, una hamaca no requiere tanto espacio en tu equipaje, siendo de gran utilidad para permitir el descanso aislado del suelo.

De otra manera, podríamos improvisar una en base a mantas, o telas de gran resistencia, si llegado el caso contamos con ellas.

Importante también sería considerar producir alguna especie de techo para nuestra hamaca, debido a las condiciones climáticas de la selva, en las que la lluvia es parte cotidiana. Para estos casos, el refugio en forma de A es una buena opción.

Dadas las características que presenta la selva, una de las primeras recomendaciones fundamentales que te aconsejo es hacerte de una tela mosquitera dentro de tu equipaje. La cual puedes colocar sobre tu refugio, en el techo que hayas construido, y añadiendo hojas sobre ella (idealmente hojas de palma), obtendrás una doble protección contra mosquitos y lluvia.

Mejores refugios para las montañas

Dada las condiciones naturales de la montaña, debemos evitar el frío extremo con el que nos podemos llegar a encontrar en estas zonas. De forma que, el refugio adquiere una importancia trascendental en nuestra supervivencia.

De por sí, los refugios que se pueden construir en una montaña son similares a los de la selva, con la dificultad de que tendremos mayores inconvenientes a la hora de obtener las materias primas y de instalar las estructuras de nuestros refugios.

Pero antes de lanzarse a la construcción de nuestro refugio, hay que evaluar diferentes aspectos para deducir cuál es el más apropiado para la ocasión.

Uno de los primeros aspectos que debemos considerar es el tamaño que debe tener, producto de las características de la zona, lo más probable es que se desee conservar el calor, para ello es necesario un tamaño reducido del albergue.

Con esto nos será mucho más fácil contemplar aspectos de filtraciones de aire además de conservar mejor el calor, también exigirá mucho menos esfuerzo y materias primas.

Mitigar el impacto del viento es muy importante, ya que el mismo agrava los efectos negativos del frío. Por eso lo mejor es construirlo en torno a una roca que nos ofrezca un reparo del viento.

Si bien es más difícil encontrarnos con insectos peligrosos en las montañas, también es importante buscar la forma de aislarnos del suelo, lo que nos permitiría evitar que nuestro cuerpo absorba el frío del terreno.

Mejores refugios para la nieve

En términos de aislante para el frío, el iglú es considerado el mejor refugio que podrías hacer. Ahora bien, para hacerlo es necesario haber adquirido previamente los conocimientos que exige su construcción.

Lamentablemente, su construcción requiere de abundante hielo, diversas herramientas, un gran conocimiento del tema e idealmente el esfuerzo compartido de varias personas para su construcción, por eso no ahondaremos en detalles aquí.

Refugio de cueva en la nieve

Es otra buena opción para refugiarse del frío de la montaña. Para construirlo, se hace necesario contar con algunas herramientas imprescindibles como una pala o algún utensilio que logre cumplir con la función de excavación para la nieve, (puede ser un palo, por ejemplo). Igualmente, el tamaño de esta deberá ser lo más reducida que se pueda, para facilitar mejor la calefacción y aislamiento del exterior.

En este sentido también se recomienda que el lecho que se construya esté entre treinta y cincuenta centímetros por encima del nivel del suelo.

Además de esto, es muy importante que se permita la ventilación del lugar, mediante pequeños orificios por sobre y bajo la cueva.

Refugio tipo trinchera

En el caso de que la zona en que te encuentres no se encuentre con mucha cantidad de nieve no es posible realizar alguna de las dos formas anteriores de refugio (iglú o cueva). Por este motivo, la opción sugerida es el armado de una trinchera que puede ser cubierta con bloques compactados de hielo o algún otro tipo de material que cumpla la función de cubrir y aislar.

Mejores refugios para los desiertos

Los refugios de desierto tienen por objetivo la protección de las inclemencias climáticas extremas que se dan en él. Ya sea calor extremo durante el día o frío durante la noche. Por eso, es necesario que la planificación del refugio considere aprovechar las horas más frescas para su realización, es decir, se deben escoger idealmente la mañana o la tarde noche para llevarla a cabo.

En este sentido, una primera consideración para evitar la deshidratación durante el día es cubrir el cuerpo con la arena del lugar y así de esta manera estaremos contrarrestando los posibles efectos adversos que implica esta situación. También podemos considerar mantener el cuerpo cubierto con algún tipo de tela ligera que permita la ventilación al mismo tiempo que nos proteja de los rayos del sol.

Otro método sería cubrirnos el cuerpo, esta técnica no requiere más esfuerzos que el de realizar un hoyo debajo de la arena, debido a que la temperatura aquí suele ser mucho más baja que a nivel del suelo. Para ello es de esperar que contemos con una pala o algún elemento que cumpla esta función. Una vez realizado esto, debemos cubrir la zona con una tela o algún material similar que nos permita generar una sombra debajo de él.

Ahora bien, durante la noche la temperatura desciende bruscamente, por lo que, de igual manera, será necesario que tengas considerado alguna forma de generar calor, o cubrir el cuerpo para mantener la temperatura.

Igualmente puedes preparar un fuego. Para ello puedes buscar matorrales secos o masas de raíces que estén bajo tierra. El estiércol seco de los animales también se puede agregar para mantener la combustión.

CAPÍTULO SEIS

El fuego

El fuego será necesario para muchas cosas ante una situación adversa. Sin dudas se trata de un recurso de gran importancia ya que nos ofrece grandes prestaciones como el calor, la capacidad de cocer alimentos, secar ropa, ahuyentar insectos y señalizar para pedir ayuda.

En condiciones de supervivencia, tener los conocimientos necesarios sobre su utilización puede marcar la diferencia entre sobrevivir o no hacerlo.

Como estamos hablando de situaciones extremas, no consideraremos la regulación vigente que podría haber en relación con su uso. Puesto que en muchas zonas puede estar prohibido, dependiendo de cada país. En cualquier caso, debes mantener ciertos criterios necesarios tanto para tu protección, como para la zona en la que te encuentras.

En los bosques se debe evitar encender fuego cerca de materiales combustibles como ser árboles secos, o cerca de malezas bajas.

Elimina las ramas y vegetación aledaña a la fogata que la pudiera rodear en una distancia mínima de dos metros.

No necesitas hacer una hoguera de gran tamaño, procura controlar y mantener el fuego en dimensiones que sean fáciles de manejar.

Mantén siempre una botella o algún recipiente que contenga agua cerca de la fogata. Puesto que, en caso de que la situación se te vaya de las manos, tendrás las herramientas para poder controlar la situación.

En todas las circunstancias procura alistar en tu bolso de viaje un mechero o encendedor. Los cerillas pueden ser igual de convenientes, pero poseen la falencia de que son fáciles mojar, así como de extraviar.

Rodear con rocas la fogata, incluso las mismas pueden ser utilizadas para calentar el cuerpo una vez el fuego se haya extinto.

Ahora bien, encender nuestra fogata puede ser más o menos complejo en función de qué tan preparados nos encontremos. A continuación, detallaremos cómo se debe encender el fuego cuando se cuenta con las herramientas apropiadas para hacerlo.

Preparación del fuego con elementos los elementos apropiados

En primer lugar, debemos decidir su ubicación en base a criterios básicos de incombustibilidad de la zona. Para eso, debemos prestar atención al viento, además de las características del terreno.

Una buena práctica preventiva, es hacer un pozo pequeño, que no supere los quince centímetros, rodeándolo de piedras grandes para alojar dentro de este nuestra hoguera.

Material combustible

Antes de encender nuestra fogata, lo óptimo es recorrer la zona, recolectando ramas secas y gruesas que nos permitan mantener un fuego con un menor gasto energético. Esta tarea es mucho más fácil en zonas boscosas y en época de otoño.

Debes observar que, por lo general, las ramas más bajas de los árboles se encuentran secas, lo cual hace que se puedan romper con menor esfuerzo.

Si nos encontramos en un ambiente húmedo, debemos buscar huecos en los troncos podridos, puesto que allí se encuentra un excelente combustible.

Si el clima no ha proporcionado mucha lluvia, entonces bastará con remover ramas húmedas que estarán en mejores condiciones de combustionar.

La madera seca que logremos conseguir en estos ambientes nos servirá para preparar una hoguera, en cuyo alrededor depositamos los troncos húmedos que vayamos encontrando. De tal manera que podamos generarnos provisiones de estos para tener una jornada tranquila.

Una vez seleccionado nuestro lugar y recolectados los materiales de combustión, aplicaremos el método de "cobertizo" o "volcán" según quieras llamarlo, para armar nuestro fuego.

Este método tiene la ventaja de ser muy simple y eficaz, no requiere grandes destrezas a la hora de formarlo y garantiza que el fuego tendrá buen acceso a aire fresco, para arder con mayor intensidad.

Preparación del fuego con elementos improvisados

Como se mencionó anteriormente, es de esperar, que siempre cargues dentro de tus cosas con algún encendedor o cerillas.

Pero si por algún motivo no cuentas con ningún medio convencional para encender una hoguera, tranquilo, que también existen otras maneras efectivas y sencillas que no requieren destrezas exigentes para encender un fuego en situaciones de supervivencia.

Es muy importante haber recolectado previamente un gran número de hierba seca, hojarascas, etcétera. Y que esta se encuentre lo más comprimida posible para que quede bien compactada, de esta manera, será más que suficiente para que las brasas se propaguen con mayor facilidad e iniciemos un fuego.

Asimismo, debemos también tener recolectada leña seca. Y tan pronto como comienzan a aparecer chispas rojas en nuestra hoguera, es indicio que puedes comenzar a soplar suavemente y directo en la zona avivada, pues esta, es señal de la incipiente combustión.

Los métodos para encender el fuego

Utilizar la luz solar potenciada con unos lentes

No resultaría nada extraño que uno de los presentes disponga de un par de lentes de aumento o lectura, como así también una cámara fotográfica o una lupa.

Si es el caso, solo necesitas haber recolectado una buena cantidad de hierba y ramas secas que las puedas poner bien compactadas para luego apuntar hacia estas el punto de luz que refleja nuestra lente.

Cuanto más pequeño sea el círculo luminoso que se forma, más concentrada estará la luz solar y, por consiguiente, más efectivo será el método.

Pedernal y eslabón

El uso de pedernal y eslabón es quizás uno de los métodos más antiguos para hacer fuego que puede funcionar bajo cualquier circunstancia.

Su nombre no indica que necesariamente debas encontrar una piedra de tipo pedernal, sino que también se puede ocupar cualquier piedra con punta dura.

Para ello, iremos probando que tan aptas se encuentran para desprender chispas. Una vez que la obtengamos, la sostendremos muy cerca de nuestra hierba seca y la golpeamos con un trozo de acero como puede ser un cuchillo o algún otro utensilio, para ver si al golpearlas producen chispas.

De corroborar la existencia de chispas, hay que intentar direccionarlas hacia la hierba seca y una vez reaccione, soplar lentamente hasta que el fuego se produzca.

Arco de rodamiento indio

A diferencia de los métodos anteriores, encender el fuego con un arco de rodamiento indio requiere de importantes conocimientos previos, que se relacionan con la cuestión fundamental de saber reconocer la madera indicada.

Este sistema se basa en la fricción de aire y requiere de los elementos precisos para su funcionamiento.

Básicamente, su uso consiste en el movimiento rápido de un arco cuya cuerda rodea un palo de madera, aprovechando la fricción de su rápida rotación para generar calor en la base de la vara.

El arco a construir debe ser con una rama muy flexible, lo demás que necesitamos, es simplemente un cordón (que puede ser de los que vienen en nuestros zapatos o mochilas).

Ahora bien, para que el método funcione correctamente, podemos comprobarlo mediante el ejercicio de tener que frotar dos maderas entre sí, una que sea blanda y otra dura. Entonces si observamos que de este proceso se suelta un polvillo negro, tipo carboncillo, significa que estamos tratando con las maderas correctas.

Si, por el contrario, solo obtenemos un polvillo tipo arena, quiere decir que debemos continuar nuestra búsqueda.

Una vez que ya obtenemos nuestros elementos necesarios y comenzamos el proceso de fricción, debemos poner debajo nuestras hierbas y ramas secas para facilitar la propagación de las llamas. Recuerda soplar suavemente, sin dejar de frotar, hasta que aparezca una llama.

Método de la sierra

Este método es muy utilizado cuando la supervivencia se da en una selva, ya que se basa en la utilización de maderas blandas como el bambú, y otra dura como puede ser la corteza del fruto de coco.

En este proceso lo que se fricciona es precisamente el bambú contra la cáscara de coco, y debajo de ambos, se depositan las hierbas y ramas secas que pueden ser para estos casos la fibra algodonosa que está en la base de las hojas denominadas "cocotero", o también la corteza de alguna palmera e incluso la membrana misma que podemos encontrar al interior de nuestro bambú.

(Cocotero)

Método de la correa

Este método requiere para su uso, alguna fibra fuerte como puede ser una tira de ropa, la cual se hace frotar contra una madera blanda. El proceso inicia con la colocación de esta madera blanda apoyada sobre una piedra ubicada por encima de ramas y hierbas secas, a las cuales previamente pasaremos una correa por debajo. Entonces tiraremos alternadamente de ambos extremos para comenzar a producir la fricción necesaria que requiere la combustión, la correa debe estar en todo momento en contacto las hierbas y ramas secas.

Recomendaciones para mantener el calor

Si bien lo óptimo es una continua recolección de leña que se pueda utilizar de combustible para mantener el fuego encendido, esto probablemente no sea posible durante los horarios nocturnos.

Por eso, lo más recomendable para mantener el calor, es siempre acercar algunas rocas al fuego mientras permanece encendido. Después, estas rocas podrían proporcionarnos calor una vez que se haya extinto.

Al mismo tiempo, si colocamos estas rocas en dirección contraria al refugio, estas refractarán gran parte del calor, lo que nos permitirá calentar el refugio más rápidamente.

Además, cuanto más hermético sea nuestro refugio, y cuanto más logre aislarnos del viento, más tiempo podrá retener las temperaturas agradables de nuestro refugio.

Recomendaciones sobre nuestro fuego para cocinar

Si lo que se pretende es preparar un fuego para la comida, lo mejor es construir una hoguera pequeña y más compactada. De esta manera, se requiere el uso de una menor cantidad de leña.

Lo más recomendable es siempre cocinar sobre brasas y no directamente sobre el fuego.

También, el uso de gasolina o alcohol sobre un recipiente como el de una lata de bebida, puede servir como cocinilla para cuando necesites calentar agua o simplemente para cuando necesites mantenerte frente a una fuente de calor.

Hervir

Cocinar en agua hirviendo simplemente requiere de un recipiente. En este sentido, las latas y cajas metálicas son ideales para ello. Aunque también se puede fabricar una manilla para evitar quemarse, de manera que puedan colgar sin preocupación sobre el fuego.

Para esto, hacer unos orificios en los bordes de las latas y atravesarlos con algún alambre. Para los casos en que no posea ningún recipiente, puede utilizar un trozo grueso de bambú como contenedor de líquido.

Si logra ahuyentar a un animal que ha cazado una presa, puede aprovechar la carne cortándola y poniéndola a hervir durante por lo menos treinta minutos. Si se encuentra desesperado por comer cualquier animal muerto que ve, guarde precaución, puesto que esto puede ser muy peligroso, sobre todo si recoge las grandes zonas musculares del animal.

Por eso lo recomendable es cortar las partes del animal en pequeños trozos de no más de tres centímetros para luego hervirlos durante media hora.

Lo mejor es que comas solamente una pequeña cantidad de esto, de esta manera tendrás tiempo para comprobar que no te hará mal a tu organismo. Si no sientes ningún efecto desagradable, entonces puedes continuar comiendo.

Asar

Cuando la carne se asa lo que ocurre es que se cuece en su propia grasa. El método más sencillo consistirá en atravesar la carne con una varilla bien fina, para que te permita hacer girar la presa sobre el fuego. Recuerda que las brasas cocinan mejor una carne que el fuego directo.

La rotación continua de la carne sobre la hoguera hace que la grasa cubra toda la superficie a medida que se desprende. De esta forma el alimento queda sabroso para nuestro apetito.

Pero posee dos desventajas:

1) Una gran parte de la grasa se pierde a menos que se pueda ubicar un recipiente debajo de la carne que está asando. De esa manera, puedes ir recubriendo la carne con esta grasa que se va desprendiendo de la misma.

2) Si asas la carne con un fuego muy intenso, quemarás la parte exterior, y la parte interna corre el riesgo de quedar cruda. Esto puede significar la presencia de bacterias. Por ello, lo más recomendable es dejar que la carne se cueza bajo brasas y muy lentamente.

Parrilla

La parrilla es un método de cocción ideal para cocinar en grandes cantidades los alimentos que tengas. Su método de preparación puede ser muy simple si posees elementos como un entramado de alambre que puedan descansar sobre las piedras. Lo recomendable es utilizarlo solo cuando tenga abundante comida, ya que mediante esta forma se pierde toda la grasa que va expulsando la carne del animal. Las piedras pueden utilizarse como sostenedores del entramado de alambres.

Horno preparado con caja de metal

Una lata muy grande o una caja metálica pueden ser excelentes herramientas para improvisar un horno casero. Por ejemplo, algunos supervivientes de un ejército encontraron una caja de municiones vacía, la cual confeccionaron para su uso como horno.

Si no dispone de ninguna caja o lata metálica, puede improvisar una cúpula hecha de arcilla, o disponiendo piedras de forma estratégica para crear una suerte de cueva, dado el caso de que se encuentre en condiciones para hacerlo.

Freír

Este método es una excelente manera de variar la dieta, si es que dispone de grasa y un recipiente donde pueda realizarlo. Para ello, cualquier hoja metálica que pueda curvarse servirá de este propósito.

En algunas zonas puede encontrar hojas de gran tamaño que pueden contener suficiente aceite como para que no se seque la fritura antes de que su alimento esté preparado. Un ejemplo de ello son las hojas de plátano, en cuya superficie se puede freír huevos. Solo necesitas probar con anterioridad las hojas para no desperdiciar sus valores alimenticios. En cualquier caso, la recomendación final es freír siempre sobre brasas.

Hornear

Para esto necesitamos de una estructura que nos habilite la posibilidad de poder hornear nuestros alimentos, ya sean carnes o vegetales si disponemos de los materiales necesarios para ello.

La carne debe ser cocinada en un plato y bañada con la grasa que se va derritiendo por el calor. Este método es muy útil para carnes gruesas y de superficies duras. Cocinar un largo tiempo a fuego lento provoca que la carne se pueda cocer y ablandar al mismo tiempo.

Si la carne se cocina en un recipiente con agua en su interior, esto puede aumentar aún más el sabor, proporcionando en algunos casos un rico caldo, como fuente de hidratación nutritiva para tu organismo.

Consejos para cocinar alimentos

Carne

A la hora de freír la carne es mejor cortarla en pequeños trozos y hervirlos. Se debe tener especial cuidado con la carne del cerdo en zonas donde el clima sea cálido, ya que, en su estado salvaje, el cerdo se halla habitualmente infestado de gusano en el hígado. Esto último igualmente se aplica para el caso del venado.

Pescados

Si bien habitualmente se encuentran libres de gérmenes y bacterias, esto aplica fundamentalmente para los peces de agua dulce.

En términos generales, los peces no requieren de mucha cocción, por lo cual es mejor prepararlos a fuego lento, y si puede envolverlos en hojas para protegerlos mucho mejor. En estos casos, ten precaución con el tipo de hojas, evita las que pudieran ser tóxicas.

Mariscos

Si vamos a ingerir animales como cangrejos, langostas, gambas, langostinos, camarones, entre otros similares; lo más seguro y recomendable es hervirlos anteriormente, ya que pueden contener organismos nocivos para nuestro cuerpo.

Pon especial atención en la conservación de tus alimentos, ya que, para el caso de los mariscos, su durabilidad es prácticamente nula, si es que no se les brinda un ambiente lo suficientemente frío para su conservación.

Un método práctico en una situación de supervivencia es dejarlos sumergidos en agua salada y hervirlos durante al menos diez minutos.

Otra forma de cocinar los mejillones, almejas o similares de forma segura es dejándolos cocinar sobre piedras calientes. Para esto, anteriormente debes preparar un hoyo dentro del cual sumergir las piedras recién salidas del fuego, e ir disponiendo tu alimento sobre ellas.

Puedes ayudar a mantener la temperatura, así como la humedad, si los cubres con hojas grandes y húmedas. Sobre esto depositas luego una capa de arena. El tiempo de cocción de cada alimento es relativo.

Menudencias

Los menudos son los órganos internos de los diferentes animales. Estos pueden ser perfectamente ingeridos, pero siempre es importante examinar cuidadosamente el hígado del animal. Si está firme, no tiene olor, ni tampoco manchas ni bultos extraños, entonces se encuentra en condiciones para ser cocinado.

Para esto, primero se los debe hervir. Es recomendable cocer el corazón antes de asarlo. Con el cerebro, puedes preparar un rico guiso, para lo cual necesitas desollar la cabeza y hervirlo durante al menos noventa minutos.

Quita toda la carne que se encuentre en el cráneo del animal e inclusive de los ojos, su lengua y orejas.

Sangre

Déjala en el recipiente dónde la has recogido, pero procura mantenerla cubierta de mosquitos e insectos. Después observarás que un líquido claro se asoma por la superficie, una vez que veas que este proceso se haya completado, proceda a ubicar el recipiente cerca de un fuego y deja secar. Esto puede ser usado para guisos y caldos.

Reptiles

Si nos vamos a alimentar de algún reptil, lo mejor es quitarle todas las vísceras, para luego cocerlas con su piel.

Colócalos en brasas calientes y hazlos girar continuamente. Una vez que observes que la piel se abre, significa que la carne puede quitarse y hervirse.

Ten precaución de que algunas serpientes tienen secreciones venenosas en su piel, otras pueden presentar el veneno en sus cabezas, de modo que lo aconsejable es arrancar en todos los casos las cabezas y despellejarlas.

Para el caso de las ranas, la recomendación también es despellejarlas, de manera que evites comer alimentos que puedan ser venenosos para tu organismo.

Vegetales verdes

En condiciones de situación extrema, debes siempre tener la precaución de lavarlos en agua dulce. Si es posible, puedes hervirlos para que se hagan más blandos.

Cualquiera de estas puede ser añadidas a un guiso y una comida al horno. Aun así, procura de vez en cuando comerlas crudas, ya que de esta manera estarás recibiendo aún más nutrientes, que con el proceso de cocción se pueden perder.

Granos y semillas

Si has dado con semillas de algún fruto comestible, puedes depositar estas en el sol para que se sequen. Hazte de una buena provisión y consérvalas si es que necesitas realizar viajes largos.

Aves

Los cuervos, loros y mirlos son muy duros para hervir, prefiere en estos casos asarlos. Sin embargo, las aves carroñeras deben ser hervidas con anterioridad ya que al alimentarse de cadáveres cuentan con muchas más bacterias nocivas en sus organismos.

Huevos

Siempre la recomendación frente a todo inconveniente de salud es hervirlos. Ahora, si no dispones de algún envase o recipiente para realizar su cocción, puedes asarlos o freírlos.

Insectos y gusanos

A la hora de comer insectos, lo más recomendable es siempre ingerirlos hervidos. También es posible dejarlos secar sobre piedras calientes, y luego machacarlos hasta que se transformen en polvillo, el cual puede ayudarte a darle sabor y nutrición a tus guisos y sopas.

Raíces

Ten la precaución de que algunas raíces son tóxicas, pero su toxicidad puede ser destruida por el fuego. En este sentido, se recomienda que cocines siempre las raíces al fuego, puedes hervirlas también, lo cual las hará mucho más blandas para el paladar.

CAPÍTULO SIETE

Métodos de orientación

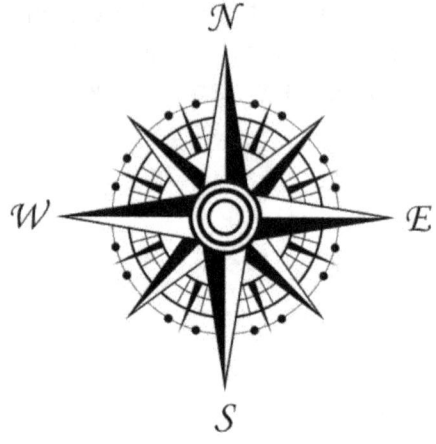

Saber dónde nos encontramos es fundamental a la hora de la supervivencia

Si bien el GPS es algo que se encuentra al alcance de cualquiera, si no contamos con esta herramienta podemos recurrir a otras que no requieren de un celular o un dispositivo inteligente.

Ante cualquier situación de desorientación lo primero que tenemos que saber es la ubicación cardinal en que nos encontramos. De esta manera, nos será posible tomar mejores decisiones respecto hacia donde continuar nuestro viaje.

Este tipo de orientación en un terreno natural desconocido puede obtenerse mediante dos procedimientos complementarios:

1) Técnicos: brújula, GPS, reloj analógico, etcétera.

2) Naturales: luna, sol y señales del ambiente.

A continuación, repasamos los diferentes métodos de orientación.

Métodos de orientación Técnicos

Brújula
En este caso, tan solo basta con saber que la aguja siempre apunta hacia el Norte, de forma que podremos tener una referencia de cada punto cardinal.

Esto resulta perfecto si sabemos en dónde estamos situados, y en qué dirección se debe caminar para escapar de ese sitio.

Pero sin dudas, es una herramienta que idealmente debe ser complementada junto con otras técnicas de ubicación territorial.

GPS

Su nombre hace referencia al sistema de posicionamiento global, que permite determinar la posición de un objeto en cualquier parte de la tierra.

Su funcionamiento es en relación con la posición de los satélites estadounidenses, los cuales le envían información sobre la ubicación, elevación y la velocidad lo cual se conoce como "trilateración".

Métodos de orientación Naturales

El sol

Teniendo como referencia que la posición del sol en el largo y ancho de cualquier territorio aparece por el Este girando durante todo lo que dura el día hasta el Oeste. Si eres de las personas que nunca recuerda cual es el Este o el Oeste, tranquilos, que existe un simple consejo que nos ayudará en la geo referencialidad.

Para eso debemos extender los brazos, formando una cruz con todo el cuerpo y señalando con nuestra mano derecha el punto en que aparece el sol, así estaremos indicando hacia el Este, mientras que, el frente de nuestra mirada estará mostrándonos el Norte, y por lo tanto tras nosotros estará asomando el Sur.

Si aún no queda claro, podrás recordar este simple poema:

"El sol sale por el Este, vestido de rosa y oro.

Y se esconde en el Oeste, donde guarda su tesoro.

Si frente a la roja brecha busco el sol que ya saldrá;

Tengo el Sur a mi derecha y a mi izquierda el norte está."

La Luna

Ahora bien, te preguntarás ¿cómo puedo hacer esto por la noche? Pues para esto nos será de gran utilidad nuestro satélite natural y sus cuatro fases lunares: luna llena, cuarto menguante, luna nueva, y cuarto creciente.

Entonces, cuando la luna se encuentre en cuarto menguante, sus puntas están indicándonos el Oeste, mientras que en su fase cuarto creciente, estas estarán apuntando hacia el Este. Si la luna está llena, debes prestar atención a que estará saliendo por el Este recorriendo el cielo de Este a Oeste. De esta manera, para determinar los puntos cardinales mediante la observación lunar, debemos proceder de la siguiente manera:

Cuarto menguante: mira hacia la luna y verás que sus puntas están hacia la izquierda. Trazando una línea imaginaria que atraviesa estas dos puntas en vertical, el norte estará ubicado en la parte superior de ésta, y el sur en la inferior.

Cuarto creciente: al igual que el ejercicio anterior, esta vez la línea imaginaria tiene las puntas desde su costado derecho por lo tanto el Este estará señalado hacia la derecha.

Por señales del ambiente

En complementación con lo mencionado anteriormente, otras señales que nos pueden ser de mucha utilidad si llegado el caso no cuentas con una brújula u otro aparato técnico, o no recuerdas cómo conocer tu ubicación mediante las fases lunares, presta atención a las señales que te ofrece el terreno en el que estás situado.

Por ejemplo, en un valle o la ribera de un río, se puede notar que las hierbas crecerán del lado Norte, mientras que los árboles lo harán principalmente del lado Sur.

A su vez, el tronco de los árboles también nos arroja indicios sobre los puntos cardinales, ya que dado el caso en que estos posean un costado más verde que el otro, esta será una señal de que el Este, está del lado más verdoso del tronco.

Los árboles normalmente requieren de mayor luminosidad solar que las plantas arbustivas. Mientras que, si nos encontramos en un paisaje rodeado de árboles, como un bosque muy frondoso en que no asoma el sol, se debe mirar hacia arriba buscando la parte más iluminada, mirando hacia esta, entonces el Sur se encontrará a tu espalda. Es decir que, para conocer el Este y el Oeste, dependerá de si estamos de mañana o tarde respectivamente.

Ahora bien, si quieres aprender una forma más rústica de conocer la orientación desde donde te ubicas, puedes escoger algún palito u objeto de forma similar que puedas clavar verticalmente en la tierra. Observa hacia dónde se dirige la sombra y pon atención a lo siguiente: si esto lo realizamos durante la mañana, la sombra estará señalando nuestro Oeste, mientras que, por la tarde dicha sombra estará dirigiéndose hacia el Este.

Por último, si no necesitamos una respuesta inmediata, podemos utilizar una manera más precisa para conocer nuestra ubicación (pero condicionada a realizarse en el mediodía o en el zenit del sol). Esta requiere que clavemos en el suelo un palo u objeto que logre proyectar una sombra de cuarenta centímetros. A continuación, marcamos el extremo de la sombra, y con el cordón de nuestros botines o una rama, trazaremos una semicircunferencia, en base a la longitud de la sombra. Entonces la sombra se irá achicando a medida que nos acerquemos a las doce del mediodía. Posteriormente comenzará a crecer, y en el punto en que la sombra vuelva a alcanzar la semicircunferencia, pondremos una marca. Al unirlas dos marcas, haremos una línea, la primera marcará como referencia al Oeste, por lo tanto, la segunda, al Este. Mientras que, en nuestra perpendicular se encontrará nuestro Norte y el Sur.

Perder el rumbo

En base a todo esto, bajo cualquier circunstancia en que emprendas un viaje, ya sea a un lugar conocido y sobre todo a uno que no conoces, es necesario cargar dentro de nuestro equipaje con al menos una brújula y un mapa que nos permita guiarnos dentro del territorio que visitamos.

Si bajo estas premisas, se te ha presentado un problema, piensa muy bien lo que debes hacer y con decisión, esto será fundamental para tu supervivencia. (incluso no está de más, cargar con herramientas como el altímetro y/o el podómetro).

En caso de que te encuentres en una situación desorientada en el camino, debes mantener la calma. Siéntate en algún lugar, respira un momento y reflexiona tranquilamente los pasos a seguir.

Considera todos los pro y contras sobre tu situación y el lugar en el que te encuentras. Evalúa cuestiones como:

- ¿Ha sido posible contactar a algún número de emergencias?
- ¿Te encuentras en un camino más o menos transitado o no?
- ¿Te encuentras sobre rutas aéreas?

- ¿El lugar posee buenas condiciones para ser rescatado?

Por lo general, suele ocurrir que quien se da cuenta de que está extraviado, normalmente no se encuentra muy lejos de la ruta correcta. Y puede que sientas un poco de miedo, pero debes evitar caer en el pánico enceguecedor que te hará actuar de manera irracional, haciendo que puedas alejarte aún más del camino original.

Lo importante es tomar una decisión, si quedarte o emprender el viaje, es lo que debes decidir.

Por ello, aquí verás algunas indicaciones básicas que te ayudarán a guiarte en estas situaciones de supervivencia extrema:

Si tu opción ha sido permanecer en el lugar

Siempre la primera acción necesaria es prevenir la situación. En este sentido, es muy útil marcar anteriormente en un mapa el recorrido que queremos realizar, así como también resaltar dentro de él los aspectos geográficos significativos, como ríos, montañas, volcanes, lagos, etcétera.

Si tienes la sensación de que te has extraviado, recuerda, debes sentarte, respirar profundo y reflexionar tranquilamente sobre todos los indicios y señales que te pueden ayudar a volver a ubicarte en tu camino.

Una vez que nos encontremos en condiciones para iniciar la búsqueda del camino, deja algún tipo de marca sobre el terreno en el que te encuentras, de esta manera evitarás volver a pasar por el mismo lugar.

Utiliza piedras, ramas o algún elemento con el cual puedas crear un símbolo que te indique tu presencia. Por ejemplo, dejar ramas cortadas sobre el piso.

A continuación, busca algún lugar en altura, sobre el cual puedas visualizar algunas de las referencias que tienes en tu mapa.

Si por algún motivo pierdes el mapa, o simplemente no tienes uno, intenta recordar algún rasgo característico de la zona por la cual ya has transitado.

Si ya ves que la noche se avecina, lo conveniente es tener calma y preparar algún tipo de refugio y explorar en los alrededores en la búsqueda de alimentos, agua y leña.

Una vez que te muevas del territorio en que se encuentra tu refugio, intenta ir dejando huellas y marcas bien visibles de la zona en la que estás.

Otra herramienta de utilidad es preparar señales para que las puedan divisar los equipos de rescate (de esto hablaremos en profundidad en las siguientes páginas).

Mantener hogueras preparadas para ser encendidas una vez que escuchemos o veamos la presencia de un avión o helicóptero.

A estas se les puede añadir hierba húmeda para que genere una gran columna de humo que hará más visible tu presencia para los equipos de rescate

Escribir con piedras y/o ramas secas la señal "SOS", lo más grande posible para que se visibilicen es una acción importante.

Si tu opción ha sido emprender el viaje en búsqueda de ayuda

Decidido por esta opción, debes tomarte un momento para planificar tu plan de acción, que involucre, mochila, ruta, alimento, señales de auxilio.

Si tienes opción, debes elegir las primeras horas del día para iniciar tu rumbo.

Puedes improvisar una mochila con algún pedazo de tela, manta o lona para el caso en el que no cuentes con ella.

Dentro de esta debes llevar alimento, agua, encendedor o cerillas, mapa, velas, lápiz, ropa. Lo cual no debe generar una carga muy pesada para tu espalda.

Si es que posees algún cuchillo o machete, debes llevarlo contigo.

Sube a alguna pendiente, y visualiza alguna ruta que puedas transitar, y si puedes, dibújalo sobre una hoja con los puntos de referencia más característicos para guiarte por el territorio.

Puedes acompañar el lecho de algún río, que en algún momento te podrá hacer llegar a algún lugar habitado.

Si te encuentras en cercanías del mar, continúa tu viaje por la costa. Estando al norte del Ecuador, debes caminar hacia el Sur; mientras que, estando al Sur del Ecuador, debes caminar hacia el Norte (A menos de que sepamos que hay un pueblo cercano en la dirección contraria).

Es fundamental que reserves energías buscando el camino con menor dificultad. En este sentido, si encuentras obstáculos naturales, rodéalos, pero no intentes pasar sobre ellos.

Intenta llevar una marcha con paso parejo; si te sientes agobiado y cansado, puede ser que estés desplazándote muy ligero.

Si te encuentras viajando en grupo, debes realizar la marcha en relación con el desplazamiento de la persona más lenta. Todo el grupo debe estar bien separado unos de otros, y se deben turnar la guía toda vez que haga falta.

Procura no caminar tan distantes, puesto que es la manera más fácil de extraviarse.

Una manera de avanzar con firmeza es estableciendo dos puntos referenciales bien separados entre sí. De esta manera tu trayectoria se hará más efectiva.

Tu trayectoria debe ser lo más recta posible.

Si necesitas descansar, hazlo.

En los bosques puedes prestar atención a los caminos trazados por los animales, los cuales al menos te podrán guiar hacia una fuente de agua.

En zonas de montaña lo recomendable es caminar sobre lomas.

Si hay nubes bajas, o niebla, es mejor esperar, y no continuar avanzando.

En zonas pantanosas o selváticas, acompañarte de un palo para ir tanteando el terreno es una buena medida preventiva de desniveles o pozos.

Recomendaciones de acción, según tipos de ambientes

Bosques

Si transitas en las cercanías de un río, puedes intentar improvisar una balsa que te ayudará a transitar más rápido y realizar un menor gasto energético.

Construcción de una balsa

- Puedes empezar buscando madera seca y liviana o cañas.

- Si obtienes un tronco, arrójate al agua para probar su flotabilidad. Quitándole su corteza, el tronco adquiere más capacidad para flotar.

- Busca en tu mochila qué elementos te pueden servir para realizar ataduras (cables, alambres, sogas, cadenas, etcétera).

- El armazón de la balsa se prepara con ramas verdes y flexibles.

- Intenta conseguir o armar alguna especie de remo para guiar tu trayectoria.

- Si vas solo intenta mantenerte atento, si ves que estás cansado, puedes esperar e iniciar tu viaje al siguiente día.

- Navega cerca de la costa y evita los rápidos.

Selva

- Para estos casos se requiere contar con elementos imprescindibles para iniciar un viaje. Estos son: brújula, machete y buen calzado.

- En lo posible viaja solamente de día.

- Evita treparte y abrirte paso por lugares densos de la selva.

- Rodea los pantanos.

- Si das con dos sendas, elige la que veas que se encuentra más transitada por la erosión del terreno.

- Ten conciencia de que el atardecer dura muy poco en la selva.

- No duermas en los senderos dejados por animales.

- En estos casos, si ves que te va a dar la noche, construye un refugio.

Desierto

- Si no cuentas con suficiente agua, debes evitar desplazarse. En caso de que decidas moverte, elige hacerlo por la noche y mantenerte en una sombra descansando durante el día.

- Libérate de peso innecesario cuando te desplaces.

- Intenta no caminar por terreno blando y arenoso cuando te muevas.

- Quita la arena que se mete en tus zapatos todas las veces que sea necesario, eso te permitirá evitar hacer un mayor gasto energético al caminar.

- Recuerda usar gafas y ropa que te cubra el cuerpo.

- Si no posees gafas, utiliza algún pedazo de tela que te cubra la cara y hazle dos orificios para que puedas ver.

- Usa sombrero o pañuelo sobre la cabeza.

- Si se da una tormenta de arena, ponte en posición contraria, excava un pozo en la arena y no te muevas por ningún motivo.

Montaña

- El desplazamiento sobre un terreno de altura posee muchas dificultades.

- La mochila que preparemos debe considerar el calzado, ropa y agua, además de alimento. Los guantes y el calzado cumplen un rol fundamental.

- Factores como: lluvias/nevadas, calor, tormentas de viento o nieve y desconocimiento del terreno, nos deben hacer detener nuestra marcha.

- Es preferible esperar condiciones óptimas para emprender el viaje.

- Se debe avanzar con lentitud, buscando piedras firmes en las que pisar.

- En zonas nevadas, se puede improvisar un par de raquetas para la nieve, con algunas ramas de árboles o arbustos.

- Un trineo se puede hacer con las puertas de un automóvil o el capot de un motor, y el correaje con los cables de instalación eléctrica del vehículo, o mantas y lonas, si es que se da el caso.

- En estas condiciones, dar con el lecho de un río o lago, puede ayudarnos a constituir un camino despejado para avanzar. Pero siempre debemos caminar con precaución y tanteando el espesor del hielo. Ya que, si este se quebrara, pondría en peligro nuestra vida.

- Si sospechas de un tramo con hielo poco firme, es mejor buscar otra ruta, y si no lo puedes evitar, intentar pasarlo gateando sobre tus manos con guantes.

- Si no posees guantes, improvisa con algún elemento de la zona que te permita aislarse del contacto directo con el hielo. Esto puede ser con ramas y pedazos de madera. De esta manera distribuiremos mejor el peso de nuestro cuerpo, y será menos peligroso nuestro avanzar.

- No toques objetos de metal si no posees guantes ya que tu piel podrá quedar adherida al material.

- Intenta cargar con un encendedor como parte de tu equipaje, y si andas con cerillas, mantenlos lo más secos posible, ya que estos elementos nos permitirán preparar un fuego si es que necesitamos calor y el secado de nuestras prendas, como la ropa y el calzado.

- Si comienza a hacer calor, intenta alejarte de las pendientes, y caminar lo más cauto posible. Debes estar atento a cualquier desprendimiento de nieve.

- Si te encuentras avanzando en grupo, lo ideal sería que fueran amarrados de una soga, con una distancia de diez metros entre cada persona.

CAPÍTULO OCHO

Señales de auxilio

Existen señales de auxilio que forman parte del lenguaje universal. Las mismas serán comprendidas por cualquiera que pueda verlas y entenderán que están pidiendo ayuda.

Si te encuentras en una situación en la que eres un sobreviviente de un accidente aéreo, con relación a tus posibilidades de subsistencia, siempre lo más conveniente será permanecer al lado del avión o helicóptero que ha caído. Estos aparatos cuando son siniestrados emiten una señal de ayuda que puede ser interceptada con facilidad por otro avión que circule por la zona.

Sin embargo, esta señal se emite tan solo por cuarenta y ocho horas después del accidente, por lo cual, es fundamental emitir algún tipo de indicio de que en la zona aún quedan sobrevivientes. Las maneras más efectivas para ello son:

- Usando como reflectores, los espejos, o cualquier tipo de material que pueda reflejar la luz.
- Ubicando retazos de tela colorida en árboles y alrededores de la zona.
- Hacer fogatas y generar humo negro.
- Disparar bengalas de colores.
- Uso de reflectantes.

Los materiales que puedan ser reflectantes funcionan como transmisores de las señales de auxilio. En este sentido transmitir la señal internacional del Código Morse, no requiere tanta complejidad, ya que se basa en el uso de puntos y rayas.

Un rayo de luz corto se entiende como un punto, mientras que uno más largo es una raya. Por ende, la señal internacional de auxilio, el "SOS" se realizaría con tres movimientos rápidos, continuados por tres movimientos más lentos, y luego otros tres movimientos rápidos nuevamente.

S: . . .

O: _ _ _

S: . . .

Uso de señales tierra aire

Cuando te encuentras en zonas despejadas como playas costeras o cerros, las señales tierra - aire pueden ser de mucha utilidad.

Mediante estas incluso se pueden comunicar mensajes y necesidades de las personas afectadas.

Lo más indicado es señalizar con las letras S.O.S., la cual es mundialmente conocida y será identificada por cualquier avión de rescate.

Uso de retazos de tela colorida en árboles y alrededor de la zona

Esta técnica es de mucha utilidad cuando se está inmerso en paisajes de gran vegetación como la selva o el bosque. Idealmente se debe buscar algún espacio descubierto dentro de este terreno, y ubicar en arboles pedazos de telas muy coloridos que contrasten con los colores predominantes de la zona, especialmente colores como el rojo y el amarillo.

Hacer fogatas y generar humo negro

Sea cual sea el ambiente, el fuego es una de las mejores herramientas para transmitir señales de vida y actividad humana. Lo recomendable es hacerlo cerca de la zona accidentada o el refugio en que te encuentres. Por consiguiente, se requiere realizar cuatro fogatas en forma de un cuadrado, pero bien distantes entre cada una. Utiliza todo tipo de material inflamable, como llantas o lo que sea que puedas encontrar.

Ten en cuenta que la vegetación húmeda o madera de la zona, por lo general produce humo blanco que puede camuflarse con la nubosidad del lugar.

Uso de bengalas

Todo medio de transporte aéreo cuenta con una caja de emergencia para accidentes, dentro de la cual, se puede encontrar bengalas de dos colores. Ahora bien, estas bengalas idealmente deben ser lanzadas cuando se divise un avión cerca, ya que estas son de muy corta duración.

CAPÍTULO NUEVE

Elementos básicos para la supervivencia

Llegamos al último capítulo, en el cual hablaremos sobre aquellas herramientas que no pueden faltar a la hora de comenzar una aventura de supervivencia.

Si bien en este punto, es muy probable caer en la tentación de incluir en la lista decenas de elementos que pueden sumar muchos kilogramos a nuestra mochila, eso sería un grave error, ya que reduciría significativamente nuestra capacidad de movimiento, evitando que lleguemos rápidamente a algún poblado cercano.

Por el contrario, en esta lista verás tan sólo seis elementos que consideramos de gran valor a la hora de sobrevivir y que apenas ocupan espacio en nuestras mochilas.

Impermeable

En la primera posición encontramos el impermeable, un cobertor que nos permite mantenernos aislados, calientes y protegidos de las lluvias durante el día, pero que si lo desmontamos y aprovechamos apropiadamente puede servirnos para construir un improvisado refugio para protegernos por las noches, mientras descansamos.

Para dicha función, solo alcanza con desplegarlo, aferrar sus puntas con algunas piedras y levantar uno de sus lados con una rama.

Sin dudas no es la mejor tienda que podamos encontrar, pero sí una muy funcional y práctica que nos sacará de más de un apuro.

En caso de que ya contemos con un refugio, el impermeable también funciona a la perfección como aislante térmico para dormir mucho más a gusto y protegidos del frío.

Cantimplora de agua

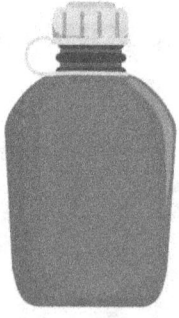

El agua es vida, y tenerla con nosotros siempre es de gran ayuda y un alivio para nuestro cuerpo y mente.

Llegados a este momento no tiene sentido remarcar nuevamente la importancia del agua, por lo que de más está decir que poder almacenar agua, trasladarla cómodamente y protegerla de cualquier injerencia externa es un gran beneficio y eso convierte a la cantimplora en un recurso invaluable en situaciones de supervivencia.

Elementos para encender fuego

No importa si son cerillas, encendedores, e incluso un pedernal que podamos activar con un cuchillo. Pero si vamos a pasar la noche en un lugar hostil, contar con elementos que nos permitan iniciar un fuego resulta muy importante.

Si bien existen otras formas de iniciar un fuego, estas son realmente complejas y requieren de mucha habilidad y tiempo.

Sin dudas contar con alguno de los mencionados elementos va a hacer que todo sea mucho más fácil, y la moral de los presentes sea considerablemente más positiva.

Brújula

Cuando se está en un bosque, selva, desierto, e incluso la nieve, uno de los problemas más grandes es el de extraviarse nuevamente.

Es por eso, que rara vez podemos alejarnos de nuestro campamento, y nos asusta dejar una posición que consideramos segura.

En este punto contar con una brújula resulta indispensable para salir a explorar, recorrer el lugar o buscar ayuda sin miedo a no poder regresar.

Incluso cuando nos perdemos muchas veces sabemos de qué lado de una carretera o río estamos, por lo que conocer hacia qué dirección debemos trasladarnos es fundamental, y qué mejor que una brújula para no perder ese rumbo.

Cuerda

Por último, encontramos la cuerda, un recurso que casi no ocupa espacio en nuestra mochila, y que nos puede ayudar a realizar diferentes herramientas.

Desde una trampa, hasta un refugio, las cuerdas son muy versátiles en cuanto a su uso, se fraccionan con facilidad y siempre es útil tener una o varias en nuestra mochila.

Por supuesto que no es posible tener gruesas cuerdas que ocupen gran espacio y aporten mucho peso a nuestra mochila, pero unos finos y resistentes cordones, sumado a un buen conocimiento sobre los diferentes tipos de nudos, serán el aliado ideal para cualquier grupo de supervivencia.

Cacharro de cocina

Por último, algo que nunca viene mal y puede ser de gran utilidad tanto para cocinar, como para acumular agua, es algún cacharro de cocina.

Este si puede ser un objeto un poco más grande y molesto a la hora de cargar en nuestra mochila, pero se trata de un artículo indispensable para quienes tienen que pasar varios días en condición de supervivencia.

Poder tomar una bebida caliente, acumular agua, recolectar frutos y cocinar tus alimentos, son posibilidades que realmente logran hacer de una experiencia de supervivencia algo mucho más simple.

Después existen otros objetos de gran utilidad como una tienda de campaña, una navaja suiza, elementos de pesca, entre muchas otras opciones, pero lo indispensable para sobrevivir cómodamente algunos días ya está dicho.

Conclusión

El cuerpo humano posee una increíble capacidad para hacer frente a las situaciones más peligrosas en ambientes desfavorables y hostiles y las personas que se han visto atravesadas por estas situaciones, son una prueba de ello.

Las historias de personas que han tenido que sobrevivir a situaciones muy adversas son muy numerosas, pero como ya hemos remarcado, no es solo cuestión de tener un gran ingenio, habilidades de supervivencia y un cuerpo preparado para la ocasión; sino que también es necesario contar con una mente lista para asumir el desafío y el temple necesario para no darse por vencido.

La supervivencia es tanto una actitud mental como una cuestión de conocimiento y resistencia física.

Por lo que, si bien esta guía puede facilitar algunas de las herramientas más importantes a la hora de sobrevivir, de poco servirán sin la voluntad de querer hacerlo, y sin la fortaleza mental y habilidades comunicativas necesarias para guiar a los sobrevivientes.

Del mismo modo, aprender de supervivencia no es un requisito que pueda ser indispensable para toda persona, aun así, algunas de estas técnicas y recomendaciones aquí sugeridas, pueden aplicarse bajo cualquier circunstancia normal de viaje, como puede ser un accidente automovilístico en una carretera por el desierto, o si te quedas aislado por algún aluvión mientras te encuentras acampando en las montañas cercanas de alguna ciudad.

Si bien toda la literatura sobre aventura y destreza en el medio ambiente está basada principalmente en la adquisición y desarrollo de una serie de habilidades técnicas, las cuales se posicionan como las únicamente indispensables para poder desarrollar una supervivencia, la experiencia de personas que han atravesado por estas situaciones revela la importancia de los aspectos psicológicos inherentes en toda situación extrema.

Es decir que las estrategias técnicas se deben poner en marcha en conjunto con una serie de aptitudes psico afectivas que posibilitan una actitud positiva y un fuerte deseo de vivir.

Por este motivo este manual incluye tanto técnicas como destrezas cognitivas dado que el objetivo principal es aumentar las posibilidades de toda persona para poder sobrevivir.

Pero todo, absolutamente todo, comienza por el simple deseo de querer vivir.

Gracias por elegir mi libro para descubrir más sobre el importante arte de la supervivencia.

¡Espero que hayas aprendido y disfrutado del viaje!

Si te ha gustado lo que has leído, me gustaría contar con tu reseña y opinión positiva en la página donde conseguiste este libro, así me ayudas a llegar a más personas y a impactar positivamente sus vidas.

¡Nos vemos en el siguiente libro!

Un abrazo,

Lone Wolf.

www.ingramcontent.com/pod-product-compliance
Lightning Source LLC
Chambersburg PA
CBHW050251010526
44107CB00003B/273